教育部　财政部中等职业学校教师素质提高计划成果
铁道运输管理专业师资培训包开发项目(LBZD032)

铁道运输管理专业教师教学能力标准、培训方案和培训质量评价指标体系

Tiedao Yunshu Guanli Zhuanye Jiaoshi Nengli Biaozhun, Peixun Fang'an He Peixun Zhiliang Pingjia Zhibiao Tixi

教育部　财政部　组编
吴　晓　主编

中国铁道出版社
2011年·北京

内 容 简 介

本书为教育部、财政部实施的中等职业学校教师素质提高计划成果，是铁道运输管理专业师资培训包开发项目（LBZD032）的主要成果之一，包括中等职业学校铁道运输管理专业教师教学能力标准、中等职业学校铁道运输管理专业教师培训方案（上岗、提高、骨干三个层级）、铁道运输管理专业教师培训质量评价指标体系等三项成果。

本书是中等职业学校铁道运输管理专业教师上岗层级、提高层级、骨干层级的培训指导用书，也可作为各级铁道运输管理专业教师培训的指导与参考用书。

图书在版编目(CIP)数据

铁道运输管理专业教师教学能力标准、培训方案和培训质量评价指标体系/教育部，财政部组编. —北京：中国铁道出版社，2011. 11

教育部 财政部中等职业学校教师素质提高计划成果 铁道运输管理专业师资培训包开发项目. LBZD032

ISBN 978-7-113-13863-9

Ⅰ. ①铁… Ⅱ. ①教…②财… Ⅲ. ①铁路运输管理-中等专业学校-师资培训-教材 Ⅳ. ①F530. 1

中国版本图书馆 CIP 数据核字(2011)第 232174 号

书　　名：铁道运输管理专业教师教学能力标准、培训方案和培训质量评价指标体系

作　　者：教育部　财政部　组编

责任编辑：金　锋　**编辑部电话**：010-51873125　**电子信箱**：jinfeng88428@163. com

封面设计：崔丽芳

责任校对：焦桂荣

责任印制：陆　宁

出版发行：中国铁道出版社（100054，北京市西城区右安门西街 8 号）

网　　址：http://www. tdpress. com

印　　刷：北京市昌平开拓印刷厂

版　　次：2011 年 11 月第 1 版　2011 年 11 月第 1 次印刷

开　　本：787 mm×1 092 mm　1/16　印张：5. 75　字数：141 千

印　　数：1～2 000 册

书　　号：ISBN 978-7-113-13863-9

定　　价：15. 00 元

教育部　财政部中等职业学校教师素质提高计划成果
系列丛书

编写委员会

专家指导委员会

教育部　财政部中等职业学校教师素质提高计划成果
系列丛书

铁道运输管理专业师资培训包开发项目（LBZD032）

项目牵头单位　浙江师范大学
项 目 负 责 人　吴　晓

出版说明

根据2005年全国职业教育工作会议精神和《国务院关于大力发展职业教育的决定》（国发［2005］35号），教育部、财政部2006年12月印发了《关于实施中等职业学校教师素质提高计划的意见》（教职成［2006］13号），决定“十一五”期间中央财政投入5亿元用于实施中等职业学校师资队伍建设相关项目。其中，安排4 000万元，支持39个培训工作基础好、相关学科优势明显的全国重点建设职教师资培养培训基地牵头，联合有关高等学校、职业学校、行业企业，共同开发中等职业学校重点专业师资培训方案、课程和教材(以下简称“培训包项目”)。

经过四年多的努力，培训包项目取得了丰富成果。一是开发了中等职业学校70个专业的教师培训包，内容包括专业教师的教学能力标准、培训方案、专业核心课程教材、专业教学法教材和培训质量评价指标体系5方面成果。二是开发了中等职业学校校长资格培训、提高培训和高级研修3个校长培训包，内容包括校长岗位职责和能力标准、培训方案、培训教材、培训质量评价指标体系4方面成果。三是取得了7项职教师资公共基础研究成果，内容包括中等职业学校德育课教师、职业指导和心理健康教育教师培训方案、培训教材，教师培训项目体系、教师资格制度、教师培训教育类公共课程、职业教育教学法和现代教育技术、教师培训网站建设等课程教材、政策研究、制度设计和信息平台等。上述成果，共整理汇编出300多本正式出版物。

培训包项目的实施具有如下特点：一是系统设计框架。项目成果涵盖了从标准、方案到教材、评价的一整套内容，成果之间紧密衔接。同时，针对职教师资队伍建设的基础性问题，设计了专门的公共基础研究课题。二是坚持调研先行。项目承担单位进行了3 000多次调研，深度访谈2 000多次，发放问卷200多万份，调研范围覆盖了70多个行业和全国所有省（区、市），收集了大量翔实的一手数据和材料，为提高成果的科学性奠定了坚实基础。三是多方广泛参与。在39个项目牵头单位组织下，另有110多所国内外高等学校和科研机构、260多个行业企业、36个政府管理部门、277所职业院校参加了开发工作，参与研发人员2 100多人，形成了政府、学校、行业、企业和科研机构共同参与的研发模式。四是突出职教特色。项目成果打破学科体系，根据职业学校教学特点，结合产业发展实际，将行动导向、工作过程系统化、任务驱动等理念应用到项目开发中，体现了职教师资培训内容和方式方法的特殊性。五是研究实践并进。几年来，项目承担单位在职业学校进行了1 000多次成果试验。阶段性成果形成后，在中等职业学校专业骨干教师国家级培训、省级培训、企业实践等活动中先行试用，不断总结经验、修改完善，提高了项目成果的针对性、应用性。六是严格过程管理。两部成立了专家指导委员会和项目管理办公室，在项目实施过程中先后组织研讨、培训和推进会近30次，来自职业教育办学、研究和管理一线的数十位领导、专家和实践工作者对成果进行了严格把关，确保了项目开发的正确方向。

作为“十一五”期间教育部、财政部实施的中等职业学校教师素质提高计划的重要内容，培训包项目的实施及所取得的成果，对于进一步完善职业教育师资培训培训体系，推动职教师资培训工作的科学化、规范化具有基础性和开创性意义。这一系列成果，既是职教师资培养培训机构开展教师培训活动的专门教材，也是职业学校教师在职自学的重要读物，同时也将为各级职业教育管理部门加强和改进职教教师管理和培训工作提供有益借鉴。希望各级教育行政部门、职教师资培训机构和职业学校要充分利用好这些成果。

为了高质量完成项目开发任务，全体项目承担单位和项目开发人员付出了巨大努力，中等职业学校教师素质提高计划专家指导委员会、项目管理办公室及相关方面的专家和同志投入了大量心血，承担出版任务的11家出版社开展了富有成效的工作。在此，我们一并表示衷心的感谢！

编写委员会

2011年10月

前　言

为贯彻落实《国务院关于大力发展职业教育的决定》（国发［2005］35号）精神，全面提升中等职业学校人才培养质量，切实提高中等职业学校教师队伍的整体素质，优化教师队伍结构，完善教师队伍建设的有效机制，“十一五”期间，教育部、财政部实施“中等职业学校教师素质提高计划”，于2007年启动全国70个重点专业师资培养培训方案、课程和教材开发包项目，即重点专业师资培养培训包开发项目。重点专业师资培养培训方案、课程和教材开发包项目包括专业教师教学能力标准、培训方案、专业核心教材、专业教学法教材和培训质量评价体系等五个方面的内容。

铁道运输管理专业中职师资培训包开发项目（LBZD032）是教育部、财政部“中等职业学校教师素质提高计划重点专业师资培养培训方案、课程和教材开发项目”的70个专业项目之一。该项目由浙江师范大学负责开发，西安铁路职业技术学院、石家庄铁路运输学校、南京铁道职业技术学院以及辽宁铁道职业技术学院共同参与。项目负责人吴晓（浙江师范大学），主要成员有沈亚强（浙江师范大学）、季令（同济大学交通运输工程学院）、王国庆（石家庄铁路运输学校）、韩买良（西安铁路职业技术学院）、王虹（南京铁道职业技术学院）、徐小勇（西安铁路职业技术学院）、赵矿英（石家庄铁路运输学校）、冯俊杰（辽宁铁道职业技术学院）等。

本书为铁道运输管理专业中职师资培训包开发项目主要成果之一，包括中等职业学校铁道运输管理专业教师教学能力标准、中等职业学校铁道运输管理专业教师培训方案（上岗、提高、骨干三个层级）、铁道运输管理专业教师培训质量评价指标体系等三项成果。

专业教师教学能力标准由专业实践能力标准和教师教学能力标准两部分组成。专业实践能力标准部分包括三个模块：模块一 铁路行车组织与管理；模块二 铁路客运组织与管理；模块三 铁路货运组织与管理。其中专业实践能力模块包含铁道运输管理专业主要技术应用领域的关键技能，具体分14项内容：1. 接发列车（正常）；2. 接发列车（非正常）；3. 调车作业；4. 车号及统计工作；5. 运输调度；6. 行车安全；7. 车站客运；8. 列车客运；9. 行包运输；10. 旅客运输计划；11. 普通货物运输；12. 特殊货物运输；13. 货运安全及检查；14. 货物联合运输。专业教师教学能力标准部分由课程设计、制定授课计划、设计教案、教学准备、实施教学、教学评价、教学指导、教学研究、教学改革和专业建设等10个单元组成。专业教师教学能力标准从中职学校专业教师应该履行的教育教学职责和他们从事的教师职业的教学工作要求出发，立足中职学校专业教师的教学活动现实和着眼职教教师职业的发展与职业教育的发展需要。标准分四级指标，紧密结合国家职业教育特色和借鉴铁路行业标准和职业学校专业教师的实际，体现铁道运输专业特色。

中等职业学校铁道运输管理专业教师培训方案分上岗、提高、骨干三个层级，由培训目的、培训对象、培训目标、培训内容、培训要求、培训考核、培训方法等构成。培训方案设计"平台模块＋方向模块"，针对培训对象和专业特点，由一个公共平台模块和三个专业方向模块，其中教育类公共平台模块包括职业道德、职业教育学、现代教育技术应用和职业教育心理学等模块；专业类方向模块包括专业平台模块、系列专业核心课程及技能模块和企业实践模块三部分，包含铁路行车组织与管理、铁路客运组织与管理、铁路货运组织与管理三个方向。另外，根据专业延拓需要增设城市考察调研轨道交通运营公司选修模块。

专业教师培训质量评价指标体系包括培训质量评价指标体系有关说明、培训质量评价指标体系一览、培训质量评价表三部分，由培训方案、培训条件、培训管理、培训效果四个一级指标以及所包含的二级指标构成，其中每个二级评价指标包括评价重点内容、评价标准、评分等级、权重、得分等。培训质量评价指标体系力求遵循和符合师资培训规律、教师培训的特点及要求，将培训质量评价体系表格化，考虑环境因素、地区因素以及本专业特点，而形成一个完整的评价指标体系。

本书汇集的成果在研发过程中一直得到在教育部重点专业师资培训方案教材开发项目组专家和项目管理办公室的指导，在此向他们表示衷心感谢！

由于限于掌握的资料和编者的水平，书中定有瑕疵和不足，恳切希望大家给予谅解和批评指正。

编　者

2011年6月

目　录

中等职业学校铁道运输管理专业教师教学能力标准 …… 1

专业实践能力标准 …… 1

教师教学能力标准 …… 16

中等职业学校铁道运输管理专业教师培训方案 …… 31

上岗层级教师培训方案 …… 32

提高层级教师培训方案 …… 45

骨干层级教师培训方案 …… 59

中等职业学校铁道运输管理专业教师培训质量评价指标体系 …… 73

参考文献 …… 82

中等职业学校铁道运输管理专业教师教学能力标准

执　笔：吴　晓（浙江师范大学）

主要研发人员：沈亚强（浙江师范大学）

季　令（同济大学交通运输工程学院）

徐小勇（西安铁路职业技术学院）

韩　燕（石家庄铁路运输学校）

黄新民（浙江师范大学）

姚汤伟（浙江师范大学）

施俊庆（浙江师范大学）

中等职业学校专业教师能够完成铁道运输管理专业实践能力标准中的内容，达到能够示范、指导学生完成的水平。同时，针对铁道运输管理专业实践能力标准的内容，达到中等职业学校专业教师教学能力标准。本标准由专业实践能力标准和教师教学能力标准两部分组成。

专业实践能力标准

专业实践能力标准部分由三个模块构成:模块一“铁路行车组织与管理”;模块二“铁路客运组织与管理”;模块三“铁路货运组织与管理”。合格教师要求达到其中的一个模块标准要求。三个模块共分 14 项:1. 接发列车(正常);2. 接发列车(非正常);3. 调车作业;4. 车号及统计;5. 运输调度;6. 行车安全;7. 车站客运;8. 列车客运;9. 行李包裹运输;10. 旅客运输计划;11. 普通货物运输;12. 特殊货物运输;13. 货运安全及检查;14. 货物联合运输。

1～6 项属铁路行车组织与管理模块,7～10 项属铁路客运组织与管理模块,11～14 项属铁路货运组织与管理模块。教学能力标准中不带“*”号的为合格教师能力标准,骨干教师能力要求涵盖合格教师的能力要求并应达到“*”号项规定的标准。

模块一　铁路行车组织与管理

1　接发列车(正常)

1.1　办理闭塞

1.1.1　确认区间空闲

1.1.1.1　能确认区间(分区)空闲

1.1.1.2　能填写行车日志、揭挂表示牌

1.1.2　办理闭塞手续

1.1.2.1　能办理闭塞手续

1.1.2.2　能办理一切电话中断时的行车手续

1.1.2.3　能向无人应答站办理发车手续

1.1.2.4　会使用自动闭塞总辅助按钮

1.2　布置与准备接发列车进路

1.2.1　布置进路

1.2.1.1　能合理使用到发线

1.2.1.2　能检查、确认进路空闲状态

1.2.1.3　能正确、及时布置进路

1.2.2　准备进路

1.2.2.1　能正确、及时地准备进路

1.2.2.2　能在无联锁条件下加锁进路上的道岔

1.2.2.3　能填写占线板(簿)

1.2.2.4　能办理进路变更

1.3　开闭信号与交接行车凭证

1.3.1　开闭信号

1.3.1.1　能及时开放关闭进站、出站信号和引导信号

1.3.1.2 能及时显示接发列车手信号

1.3.1.3 会使用标准化作业用语

1.3.2 交接行车凭证

1.3.2.1 能检查、核对书面行车凭证

1.3.2.2 能交接书面行车凭证

1.4 立岗接发列车

1.4.1 立岗接车

1.4.1.1 会立岗接车作业

1.4.1.2 能确认列车整列到发

1.4.1.3 能办理电气化铁路列车滑行进站接车作业

1.4.2 立岗发车

1.4.2.1 会立岗发车作业

1.4.2.2 会使用无线列调电话、手信号旗(灯)

1.5 开通区间

1.5.1 开通区间

1.5.1.1 能办理双线自动闭塞开通区间手续

1.5.1.2 能办理自动站间闭塞开通区间手续

1.5.1.3 能办理单线半自动闭塞开通区间手续

1.5.2 向列车调度员、邻站报点

1.5.2.1 能及时向列车调度员、邻站报点

1.5.2.2 会填写行车日志

*1.5.2.3 熟悉自动报点与自动生成行车日志及无线列调系统

2 接发列车(非正常)

2.1 接发特殊列车

2.1.1 接发超长、超限列车

2.1.1.1 能接发超长列车

2.1.1.2 能接发超限列车

2.1.2 接发军用、专运列车

2.1.2.1 能接发军用列车

2.1.2.2 能接发专运列车

*2.1.3 接发挂有危险品、剧毒品车辆的列车

2.1.3.1 能接发挂有危险品车辆的列车

2.1.3.2 能接发挂有剧毒品车辆的列车

2.1.3.3 能接发挂有特殊用途车辆的列车

2.2 设备故障时接发列车

2.2.1 处理设备故障

2.2.1.1 能确认行车设备故障情况

2.2.1.2 能及时向列车调度员、值班干部报告

2.2.1.3 会登记和签认行车设备检查登记簿

2.2.1.4 能及时下达相关维修通知

2.2.1.5 能办理临时变更或恢复原行车闭塞法作业

2.2.1.6 会使用故障按钮

2.2.2 设备故障时的接发列车作业

2.2.2.1 能办理信号设备临时故障接发列车

2.2.2.2 能办理道岔、轨道电路临时故障、联锁失效时的接发列车

2.2.2.3 能办理车辆抱闸、车钩故障、热轴、装载不良等情况下接发列车

2.2.2.4 能办理站内及区间停电接发列车

2.2.2.5 能处理列车冒进信号情况

*2.2.2.6 能办理接触网故障接发列车

*2.2.2.7 能办理调度信息系统故障接发列车

*2.2.2.8 能监视列车运行状态处理异常情况

2.3 天气不良时接发列车

2.3.1 能组织天气不良时的接车作业

2.3.2 能组织天气不良时的发车作业

2.4 施工、检修时接发列车

2.4.1 办理登记

2.4.1.1 能办理设备维修、施工登记和签认

2.4.1.2 能办理调度命令的接收

2.4.2 办理行车

2.4.2.1 能办理施工时接发列车

2.4.2.2 能办理检修时接发列车

2.5 开行路用、救援列车及无空闲线路接车

2.5.1 开行路用、救援列车

2.5.1.1 能及时向列车调度员汇报

2.5.1.2 能组织开行路用列车和救援列车

2.5.1.3 能填写交付调度命令

2.5.2 无空闲线路时组织接车

2.5.2.1 能组织站内无空闲线路时接车

2.5.2.2 能办理站内无空闲线路时接车作业

***2.6 接发列车的应急处理**

2.6.1 制订应急预案

2.6.1.1 能分析接发列车事故原因

2.6.1.2 能制订事故应急预案

2.6.2 处理突发问题

2.6.2.1 能处理接车作业过程中突发问题

2.6.2.2 能处理发车作业过程中突发问题

***2.7 计算及分析行车相关数据**

2.7.1 能计算列车换算闸瓦压力

2.7.2 能计算进站信号机外制动距离内换算坡度

3 调车作业

3.1 编制车站作业计划

3.1.1 编制车站班计划

3.1.1.1 能根据下达的班计划填记车站列车到达计划

3.1.1.2 能根据编组内容和车流来源编制列车出发计划

3.1.1.3 能确定卸车、排空及装车计划

3.1.1.4 会推算中时、停时指标

3.1.2 编制车站阶段计划

3.1.2.1 能合理组织车流保证正点发车

3.1.2.2 能合理安排到发线,保证不间断地接发车

3.1.2.3 能合理安排调车机车运用,保证完成解体、编组和取送任务

3.1.3 编制车站调车作业计划

3.1.3.1 会编制解体调车作业计划

3.1.3.2 会编制编组调车作业计划

3.1.3.3 会编制取送调车作业计划

3.1.4 调车、装卸车动态

3.1.4.1 能准确把握调车动态

3.1.4.2 能准确把握装卸车动态

3.2 牵出线调车作业

3.2.1 调车速度

3.2.1.1 能正确观速、测距

3.2.1.2 能合理调整调车速度

3.2.2 调车作业

3.2.2.1 能利用推送调车法进行调车作业

3.2.2.2 能利用单钩溜放法进行调车作业

3.2.2.3 能利用连续溜放法进行调车作业

3.2.3 调车安全

3.2.3.1 能正确、及时地上下车

3.2.3.2 能正确调整溜放车组间隔,保证调车作业安全

3.2.3.3 能处理调车冲突

3.3 列车编组

3.3.1 编挂列车作业

3.3.1.1 能准确确认钩位

3.3.1.2 能进行列车中车辆的连挂作业

3.3.1.3 能进行列车中车辆的摘解作业

3.3.2 列车编组的安全要求

3.3.2.1 熟知货物列车中车辆编挂的安全要求

3.3.2.2 熟知旅客列车中车辆编挂的安全要求

3.3.2.3 熟悉列车中机车的编挂及单机挂车

3.4 驼峰调车作业

3.4.1 驼峰调车作业

3.4.1.1 能进行排风、摘管作业

3.4.1.2 能准确、及时提钩

3.4.1.3 能对简易驼峰组织变速推峰

3.4.1.4 能对机械化驼峰组织定速推峰

3.4.1.5 能预排进路

3.5 制动工作

3.5.1 车辆制动作业

3.5.1.1 能利用铁鞋对车辆进行目的制动

3.5.1.2 能操纵减速器对车辆进行间隔制动

3.5.1.3 能使用减速顶对车辆进行制动

4 车号及统计工作

4.1 接收列车

4.1.1 接收确报及站车交接

4.1.1.1 能及时接收到达列车预确报

4.1.1.2 能与到达机车乘务员进行站车交接

4.1.2 核对现车及票据

4.1.2.1 能核对现车及运输票据

4.1.2.2 能修正列车编组顺序表

4.1.3 处理传递票据

4.1.3.1 能对货票进行登记签认

4.1.3.2 能处理或传递运输票据

4.1.3.3 能处理站车交接中的常见问题

4.2 交付列车

4.2.1 挑选货票

4.2.1.1 能按编组计划挑选货票

4.2.1.2 能对货票排顺

4.2.2 计算相关数据

4.2.2.1 能根据车号判断车种、自重、换长

4.2.2.2 会计算列车重量和长度

4.2.3 填写列车编组顺序表

4.2.3.1 能收集列车编组顺序表

4.2.3.2 会填写列车编组顺序表

4.2.4 办理交付

4.2.4.1 能检查列车编组质量

4.2.4.2 能检查核对出发列车

4.2.4.3 能与机车乘务员进行站车交接

4.2.4.4 能办理确报传输

4.3 现在车及票据管理

4.3.1 核对现车及票据

4.3.1.1 熟悉现在车分类

4.3.1.2 能根据各股道存车情况清点运输票据

4.3.1.3 能掌握现在车

4.3.1.4 会核对现车及票据

4.3.2 修改现在车信息

4.3.2.1　熟悉现在车推算方法

4.3.2.2　能及时修改现在车信息

4.3.2.3　能进行运用车与非运用车的转变

4.4　车站工作统计

4.4.1　现在车统计

4.4.1.1　能利用运统 4 对货车进行统计

4.4.1.2　能填记现在车统计报表与 18:00 现在重车去向报表

4.4.1.3　能正确填记分界站货车出入报表(运报-1)和现在车报表(运报-2)

4.4.2　货车停留时间统计

4.4.2.1　能运用号码制货车停留时间登记簿统计货车停留时间

4.4.2.2　能运用非号码制货车停留时间登记簿统计货车停留时间

4.4.2.3　能填记货车停留时间报表(运报-4)

4.4.3　装卸车统计

4.4.3.1　熟悉货物装卸作业流程

4.4.3.1　能统计货车货物装卸作业情况

5　运输调度

5.1　列车编组计划的编制与执行

5.1.1　合理分配各技术站作业量

5.1.1.1　能掌握车流径路

5.1.1.2　能合理分配各技术站作业量

5.1.2　铁路局日常运输组织

5.1.2.1　能编制列车编组计划

5.1.2.2　能调整列车编组计划

5.1.2.3　熟悉处理违编情况的处理方法

5.2　列车运行图的编制

5.2.1　计算区间通过能力

5.2.1.1　能确定列车运行图的要素

5.2.1.2　会计算区间通过能力

5.2.2　编制列车运行方案图

5.2.2.1　会编制列车运行方案图及机车周转图

5.2.2.2　会画站名线、运行线、列车越行及会让

5.2.2.3　会编制一个区段列车运行详图

5.2.2.4　能编制分号运行图

5.3　铁路运输技术计划及运输方案的编制

5.3.1　铁路局工作技术计划的编制

5.3.1.1　能确定铁路局货车运用数量及质量指标

5.3.1.2　能编制技术计划

5.3.2　铁路局运输方案的编制

5.3.2.1　会编制铁路局列车工作方案

5.3.2.2　会编制重车车流表

5.3.2.3　会编制空车调整图

5.3.2.4　会编制分界站货车出入计划

5.4　调度日(班)计划编制与执行

5.4.1　调度日班计划的编制

5.4.1.1　会编制调度日班计划

5.4.1.2　会编制列车运行调整计划

5.4.2　调度日班计划的执行

5.4.2.1　能审批调度日班计划

5.4.2.2　能下达调度日班计划

5.5　列车运行调整

5.5.1　列车运行调整的规定

5.5.1.1　能熟悉列车运行调整有关规定

5.5.1.2　会列车运行调整方法

5.5.1.3　能调整列车运行

*5.5.2　列车运行中突发事件处理

5.5.2.1　能进行列车区间运行被迫停车处理

5.5.2.2　能进行列车分部运行和列车退行处理

5.5.2.3　能进行救援列车开行处理

5.5.2.4　能进行超限货物列车的运行处理

5.5.2.5　能处理列车运行中其他突发事件

***5.6　常用调度命令用语及发布**

5.6.1　常用行车调度命令的用语

5.6.1.1　能解释常用行车调度发布命令的有关规定

5.6.1.2　能熟悉常用行车调度命令用语的格式及内容

5.6.2　常用行车调度命令的发布

5.6.2.1　能正确发布调度命令

5.6.2.2　能办理调度命令的交付

***5.7　TDCS 和 CTC 系统**

5.7.1　TDCS

5.7.1.1　了解 TDCS 功能及组成

5.7.1.2　熟悉 TDCS 条件下行车作业组织

5.7.1.3　熟悉 TDCS 设备检修及故障处理

5.7.2　CTC

5.7.2.1　了解 CTC 功能及组成

5.7.2.2　熟悉 CTC 条件下行车作业组织

5.7.2.3　熟悉 CTC 设备检修及故障处理

6　行车安全

6.1　行车安全管理

6.1.1　行车安全法律法规

6.1.1.1　熟悉安全预防与事故处理的相关法律法规

6.1.1.2　掌握事故通报程序

*6.1.2　行车事故处理

6.1.2.1　能制订行车事故应急处理方案
6.1.2.2　能对事故及时正确通报
6.1.2.3　能正确进行事故调查

6.2　事故救援组织

6.2.1　救援设备
6.2.1.1　了解事故救援设备功能
6.2.1.2　熟悉事故救援设备的使用方法

*6.2.2　救援组织
6.2.2.1　熟悉救援工作的方法
6.2.2.2　能制订救援组织紧急预案
6.2.2.3　能组织救援方案的实施

模块二　铁路客运组织与管理

7　车站客运

7.1　售票

7.1.1　售票服务
7.1.1.1　能操作售票系统软件
7.1.1.2　会填制代用票
7.1.1.3　能识别假币

7.1.2　办理退票与车票签证
7.1.2.1　能办理各种情况下的车站退票手续
7.1.2.2　能填制退票报告及退票报销凭证
7.1.2.3　能处理车站旅行变更办理车票签证

7.1.3　售票管理
7.1.3.1　能计算包车、租车、自备车辆挂运费和行驶费
7.1.3.2　能利用《里程表》查找发到站间客运运价里程
7.1.3.3　能默画全路客运接算站示意图
7.1.3.4　能填写车站售出客票记录
7.1.3.5　会进行票卷管理

7.1.4　服务态度
7.1.4.1　售票作业能做到“一问、二输、三收、四取、五交、六清”
7.1.4.2　售票服务能做到售票准、态度好、速度快、达到“五无”

7.2　旅客组织及服务

7.2.1　组织旅客候车
7.2.1.1　能按客运服务礼仪进行旅客车站候车服务
7.2.1.2　能妥善处理旅客丢失车票情况
7.2.1.3　能妥善安排线路中断后旅客

7.2.2　组织站台乘降
7.2.2.1　能按客运服务礼仪组织旅客乘降工作
7.2.2.2　能进行站车交接

7.2.3 客运组织管理

7.2.3.1 能编制客运记录

7.2.3.2 能编制各种等级铁路电报(事故速报)

7.2.3.3 能处理旅行变更办理车票签证

7.2.3.4 能处理误购(售)、漏乘情况

7.2.3.5 能处理不符合乘车条件情况

7.2.3.6 能处理车站旅客运输事故

7.2.3.7 能处置突发疾病、死亡和意外伤害事故旅客

7.2.3.8 能核收违章携带品运费

8 列车客运

8.1 列车乘务

8.1.1 列车乘务服务

8.1.1.1 能按列车员服务礼仪进行各种等次车厢列车旅客服务

8.1.1.2 能处理旅客丢失车票情况

8.1.1.3 能处理旅客误乘情况

8.1.1.4 能处理旅客旅行变更情况

8.1.2 站车乘降交接

8.1.2.1 能组织旅客安全有序乘降

8.1.2.2 能与车站客运值班员办理站车交接

8.1.2.3 会使用卧铺票夹

8.1.2.4 能编制客运记录或填写代用票

8.1.3 列车乘务管理

8.1.3.1 会填写列车旅客密度表

8.1.3.2 会确定列车乘务组的乘务形式和乘务组数

8.1.3.3 能妥善处理违章乘车情况

8.2 旅客运输阻碍和事故的处理

8.2.1 旅客运输阻碍的处理

8.2.1.1 熟悉旅客运输阻碍的类别

8.2.1.2 能分析造成旅客运输阻碍的原因

8.2.1.3 能进行发生运输阻碍的应急处理

8.2.1.4 能安排与处理线路中断后对旅客及行包

8.2.2 旅客运输事故的处理

8.2.2.1 能进行旅客发生急病、死亡的处理

8.2.2.2 能进行对旅客人身伤害事故的处理

*8.2.2.3 能进行旅客人身伤害事故现场处理

*8.2.2.4 能编制事故处理报告、进行统计

9 行李包裹运输

9.1 行包运输办理

9.1.1 办理行包承运

9.1.1.1 能判定行李包裹范围

9.1.1.2 能填制行李包裹票据

9.1.1.3 能核收行包运费
9.1.1.4 能填写整理票据报告
9.1.2 办理行包到发
9.1.2.1 能组织站车交接及行包装卸
9.1.2.2 能核对出入库货物和清点库存货物
9.1.2.3 能妥善核对保管行包办理换票
9.1.2.4 能核收行包运杂费
9.1.3 处理行包运输
9.1.3.1 能处理车站行包运输变更
9.1.3.2 能计算行李包裹运到期限
9.1.3.3 能处理车站违章运输行包
9.1.3.4 能处理逾期到达行包
9.1.3.5 能处理车站行包运输事故

9.2 列车行包运送

9.2.1 列车行包作业
9.2.1.1 能统计货物装载情况
9.2.1.2 能办理交接、编制行包装卸交接证
9.2.1.3 会填写列车行李、包裹运输密度表
9.2.1.4 能安排行李车货位及行包堆放位置
9.2.2 列车行包管理
9.2.2.1 能编制行包运输事故记录拍发速报
9.2.2.2 能妥善保管行包票运输报单联、公文和信件
*9.3.3 行包专列运输
9.3.3.1 熟悉行包专列运输管理业务
9.3.3.2 能组织行包专列运输

10 旅客运输计划

10.1 客流计划编制

10.1.1 客流调查与预测
10.1.1.1 熟悉客流组成规律
10.1.1.2 熟悉客流调查方法
10.1.1.3 能进行客流调查与预测
10.1.2 客流斜线表和客流图编制
10.1.2.1 能编制管内客流斜线表
10.1.2.2 能绘制客流图
10.1.3 编制客流计划
10.1.3.1 能计算旅客运输计划指标
10.1.3.2 能编制客流计划

10.2 技术计划编制

10.2.1 确定技术计划要素
10.2.1.1 能确定拟定开行方案的旅客列车速度及重量
10.2.1.2 能确定旅客列车的运行区段和行车量

10.2.2 铺画旅客列车运行方案图

10.2.2.1 能用图解法确定列车合理开车范围

10.2.2.2 能铺画某区段客车运行方案图

*10.2.3 编制技术计划

10.2.3.1 能根据方案图编制列车时刻表

10.2.3.2 能根据列车时刻表确定车底需要数

10.2.3.3 能根据列车时刻表绘制车底周转图

10.3 日常计划编制

10.3.1 编制票额分配计划

10.3.1.1 会进行票额分配

10.3.1.2 能计算列车定员

10.3.2 编制车站旅客输送日计划

10.3.2.1 会编制车站旅客输送日计划

10.3.2.2 会填写乘车人数通知单(客统-3)

10.3.2.3 会填写列车旅客密度表(客统-4)

模块三 铁路货运组织与管理

11 普通货物运输

11.1 货场货运内勤

11.1.1 办理托运与受理货物

11.1.1.1 能办理托运、受理及审查货物

11.1.1.2 能填写货物运单

11.1.2 办理承运货物

11.1.2.1 能办理承运货物的手续

11.1.2.2 能填制货票

11.1.2.3 能办理变更与解除货物运输合同手续

11.1.3 办理货物到站交付

11.1.3.1 会办理货物在到站的内交付及换票作业

11.1.3.2 能计算到达作业费

11.1.4 组织货物运输

11.1.4.1 能组织零担货物运输

11.1.4.2 能组织集装箱货物运输

11.1.4.3 能受理整车货物运输月计划的提报

11.1.4.4 能组织集装化货物运输

*11.1.4.5 会编制铁路货运计划

11.2 货场货运外勤

11.2.1 组织货场货物装卸

11.2.1.1 能办理发站的进货、验货作业

11.2.1.2 能组织各种货物发站的装卸车作业

11.2.1.3 能核对货单填记卸货卡(簿)并整理到达票据

11.2.2 办理货物保管

11.2.2.1 能配置货场装卸线和货位合理布置货场

11.2.2.2 能对货车施封、篷布苫盖、插挂货车表示牌

11.2.2.3 能组织各种货物的进货、验收和保管

11.2.2.4 能按要求组织货物换装和整理作业

11.2.3 办理货物交付

11.2.3.1 能办理站车交接等相关手续

11.2.3.2 能办理路企交接等相关手续

11.2.3.3 能进行集装箱的交接

11.2.4 组织货物运输

11.2.4.1 能组织装配整零车运输

11.2.4.2 能组织集装箱货物运输

*11.2.4.3 会组织专用线(专用铁路)运输

11.3 运费核收

11.3.1 填制运单货票

11.3.1.1 能确定运价号、运价率

11.3.1.2 能填制各种运单货票(包括人工填制货票和计算机制票)

11.3.2 计算运输费用

11.3.2.1 能计算整车货物的运费

11.3.2.2 能计算零担货物的运费

11.3.2.3 能计算集装箱货物的运费

11.3.3 核收货物运输变更运费及杂费

11.3.3.1 能核收运输变更及运输阻碍的运费

11.3.3.2 能核收杂费

12 特殊货物运输

12.1 阔大货物运输

12.1.1 办理货物托运

12.1.1.1 能审查托运人提供超长、集重、超限货物的货物资料

12.1.1.2 能测量并完整记录阔大货物相关数据

12.1.1.3 能填制超限、超重货物托运说明书

12.1.1.4 能填制超限、超重货物运输记录

12.1.2 确定货物装载方案

12.1.2.1 能对超长货物进行装载

12.1.2.2 能对集重货物进行装载

11.1.2.3 能对超限货物进行装载

12.1.3 组织货物运输

12.1.3.1 能确定超限等级

12.1.3.2 能检验货物的稳定性

12.1.3.3 能计算加固强度

12.1.3.4 能填写运输票据

12.1.3.5 能编制超限货物运输的请示和批复文电

12.2　鲜活货物运输

12.2.1　办理货物托运

12.2.1.1　能审查托运人提供鲜活货物资料

12.2.1.2　能对易腐货物进行分类

12.2.1.3　能填制鲜活货物运输的运单及货票

12.2.1.4　能办理易腐货物的托运和承运手续

12.2.2　确定货物装载

12.2.2.1　能确定易腐货物运输方案

12.2.2.2　能组织易腐货物发送到达装卸车作业

12.2.2.3　能组织活动物的发送及到达作业

12.2.3　组织货物运输

12.2.3.1　能确定易腐货物运输季节和运输方式

12.2.3.2　能处理易腐货物车辆的挂运

12.2.3.3　能计算易腐货物、鲜活货物运输费用

12.3　危险货物运输

12.3.1　办理货物托运

12.3.1.1　能审查危险货物运输托运人的资质

12.3.1.2　能对危险货物进行判定

12.3.1.3　能办理危险货物的托运和承运手续

12.3.1.4　会填制危险货物运单

12.3.2　货物保管与装载

12.3.2.1　能确定铁路危险货物类项

12.3.2.2　能对危险货物进行包装

12.3.2.3　能对危险货物进行保管

12.3.2.4　能组织危险货物的装卸车作业

12.3.2.5　能办理危险货物的交付手续

12.3.3　组织货物运输

12.3.3.1　能确定危险货物运输方式

12.3.3.2　能对剧毒品运输的全程进行追踪

12.3.3.3　熟悉放射性物质的托运和承运及射线防护方法

12.3.3.4　能计算危险货物运输费用

12.3.3.5　会编制危险货物应急预案

13　货运安全及检查

13.1　货运安全

13.1.1　货运记录

13.1.1.1　能判定货运事故的种类及等级

13.1.1.2　熟悉货运记录的编制要求

13.1.1.3　能编制货运记录

13.1.2　普通记录

13.1.2.1　熟悉普通记录的编制要求

13.1.2.2　会编制普通记录

13.1.3 处理货运事故

13.1.3.1 能调查核实货运事故

13.1.3.2 能拍发“货运事故速报”

13.1.3.3 能处理货运事故

13.1.3.4 能办理货运事故赔偿

13.2 货运检查

13.2.1 货物检查

13.2.1.1 能对车站货物进行检查

13.2.1.2 能对货车货物装载加固进行检查

13.2.1.3 能对篷布苫盖、施封进行检查

13.2.1.4 能对施封的货车及装有货物的货车进行检查

13.2.2 货物换装及货车整理检查

13.2.2.1 能对货物进行换装并及时记录

13.2.2.2 能对货车进行整理并及时记录

13.2.3 货运交接检查

13.2.3.1 能对货物运单及货票传递与交接进行检查

13.2.3.2 能对货车的使用和通行限制进行检查

14 货物联合运输

14.1 国内多式联合运输

14.1.1 运输组织

14.1.1.1 熟知我国水陆等多式联运相关规章

14.1.1.2 能组织多式联运货物

14.1.1.3 会办理多式联运货物运送作业

14.1.2 运输管理

14.1.2.1 能办理联合货物运输的变更

14.1.2.2 能处理货运事故赔偿

***14.2 国际联合运输**

14.2.1 运输组织

14.2.1.1 能解释国际货协要求

14.2.1.2 能办理国际联运货物运单

14.2.1.3 熟悉国际联运货物装运作业

14.2.1.4 能办理国际联运货物承运与交付

14.2.2 运输管理

14.2.2.1 熟悉国际联运货物的规章和特点

14.2.2.2 能审核国际联运货物办理条件

14.2.2.3 熟悉国际联运的运输货物限制

14.2.2.4 能办理运输合同变更

14.2.2.5 能核收过境运送费用和杂费

14.2.2.6 熟悉编制国际联运商务记录的有关规定

14.2.2.7 会编制国际联运货物事故商务记录

教师教学能力标准

教师教学能力标准部分由十个单元组成:1. 课程设计;2. 制定授课计划;3. 设计教案;4. 教学准备;5. 实施教学;6. 教学评价;7. 教学指导;8. 教学研究;9. 教学改革;10. 专业建设。教学能力标准中不带“*”号的为合格教师能力标准,骨干教师能力要求涵盖合格教师的能力要求并应达到“*”号项规定的标准。

1 课程设计

1.1 分析专业技术应用领域

1.1.1 明确专业发展现状

1.1.1.1 能明确铁道运输管理专业发展现状

1.1.1.2 会分析铁道运输管理专业中等职业人才需求

1.1.2 分析铁道运输管理专业职业岗位(群)能力结构

1.1.2.1 能明确铁道运输管理专业典型职业(岗位)工作

1.1.2.2 会分析铁道运输管理专业中等职业人才的岗位能力要求

1.1.3 解读铁道运输管理专业国家职业标准

1.1.3.1 能准确解读铁道运输行业职业能力标准

*1.1.3.2 能提出铁道运输行业职业能力标准的修订意见和建议

***1.2 设计培养方案**

1.2.1 确定培养目标

1.2.1.1 能确定专业培养目标

1.2.1.2 能确定职业素质目标

1.2.1.3 能确定职业能力目标

1.2.2 筛选课程内容

1.2.2.1 能明确筛选课程内容的方法

1.2.2.2 能明确铁道运输管理专业基本素质

1.2.2.3 能明确铁道运输管理专业通用能力

1.2.2.4 能明确铁道运输管理专业专用能力

1.2.3 组织课程内容

1.2.3.1 熟悉课程内容组织的主要模式

1.2.3.2 熟悉知识、技能和态度的组织方法

1.2.4 制定课程计划

1.2.4.1 能确定课程计划体例格式

1.2.4.2 能确定课程主要教学内容

1.2.4.3 能确定专业教育教学阶段目标

1.2.4.4 能确定课程进度安排

1.2.5 设计课程标准

1.2.5.1　能明确课程标准的构成和体例
1.2.5.2　能明确课程性质
1.2.5.3　能明确课程标准设计思路
1.2.5.4　能明确课程目标
1.2.5.5　能明确课程内容和要求
1.2.5.6　能明确课程实施建议

***1.3　评估培养方案**

1.3.1　实施评估
1.3.1.1　能明确评估对象、目的和内容
1.3.1.2　能实施评估方案
1.3.1.3　能分析评估材料，写出评估报告
1.3.2　制订和修改评估方案
1.3.2.1　能设计评估标准
1.3.2.2　能制订评估计划
1.3.2.3　能开发评估工具
1.3.2.4　能根据评估结果修订评估方案

2　制订授课计划

2.1　解读培养方案

2.1.1　明确专业培养目标
2.1.1.1　能明确职业素质目标
2.1.1.2　能明确专业能力目标
2.1.1.3　能明确方法能力目标
2.1.1.4　能明确社会能力目标

2.2　解读教学大纲

2.2.1　明确本门课程地位和作用
2.2.1.1　能明确本门课程的性质
2.2.1.2　能明确本门课程的功能
2.2.1.3　能明确本门课程与其他课程的关系
2.2.2　明确本门课程的教学目标
2.2.2.1　能明确本门课程的知识目标
2.2.2.2　能明确本门课程的技能目标
2.2.2.3　能明确本门课程的态度目标

2.3　解读职业资格标准

2.3.1　解读国家职业标准的内涵
2.3.1.1　能解读相关工种职业概况
2.3.1.2　能解读相关工种职业标准的基本要求
2.3.1.3　能解读相关工种职业标准的工作要求
2.3.2　解读培养方案与职业能力标准的相关性
2.3.2.1　能解读培养方案与职业能力标准的相关性
*2.3.2.2　能评价培养方案与职业能力标准的相关性
2.3.3　解读本门课程方案与相关工种职业标准的相关性

2.3.3.1 能解读本门课程目标与职业标准的相关性

2.3.3.2 能解读本门课程内容与职业标准的相关性

2.4 分析学情

2.4.1 分析学生的学习方法

2.4.1.1 会分析学生对陈述性知识的学习方法

2.4.1.2 会分析学生对程序性知识的学习方法

2.4.2 分析学生的学习态度

2.4.2.1 会分析学生的学习习惯

2.4.2.2 会分析学生的学习兴趣

2.5 分析教材

2.5.1 教材结构分析

2.5.1.1 会分析教材陈述性知识结构

2.5.1.2 会分析教材程序性知识结构

2.5.1.3 会分析教材中融入的教学策略

2.5.2 教材地位和特点分析

2.5.2.1 能明确教材的地位和作用

2.5.2.2 能确定教材的重点和难点

2.5.3 教材内容分析

2.5.3.1 会使用归类法分析教材内容

2.5.3.2 会使用图解法分析教材内容

2.5.3.3 会使用层级法分析教材内容

2.5.3.4 会使用信息加工法分析教材内容

2.6 选择教学资源

2.6.1 选择教学资源

2.6.1.1 能选择课程教材

2.6.1.2 能选择教学参考资料

2.6.1.3 能选择教辅材料

2.6.1.4 能选择教学设备

2.6.1.5 能选择教学场所

2.7 确定教学进度

2.7.1 确定本门课程教学目标

2.7.1.1 能确定本门课程开设的目的

2.7.1.2 能确定本门课程的知识目标、技能目标、态度目标

2.7.2 确定课程教授计划

2.7.2.1 能确定学习任务

2.7.2.2 能合理安排教学进程

2.7.2.3 能确定教学形式

2.7.2.4 能准确把握重点难点

2.7.2.5 编制教学进度表

3 设计教案

3.1 明确教学目标

3.1.1 明确知识目标

3.1.1.1 能明确陈述知识目标

3.1.1.2 能明确程序知识目标

3.1.2 明确技能目标

3.1.2.1 能明确心智技能目标

3.1.2.2 能明确操作技能目标

3.1.3 明确态度目标

3.1.3.1 能明确认知目标

3.1.3.2 能明确情感目标

3.1.3.3 能明确意志力目标

3.2 分析职业活动的特点

3.2.1 分析职业环境条件特点

3.2.1.1 能确定职业活动场所

3.2.1.2 能确定职业活动的相关因素

3.2.2 分析职业能力特征

3.2.2.1 能确定职业活动心智技能特征

3.2.2.2 能确定职业活动操作技能特征

3.2.2.3 能分析职业活动方法能力特征

3.2.2.4 能分析职业活动社会能力特征

3.2.3 分析职业活动工作要求

3.2.3.1 能确定职业活动技能要求

3.2.3.2 能确定职业活动知识要求

3.3 分析学习者

3.3.1 分析学生智力与特征

3.3.1.1 会分析学生的智力类型

3.3.1.2 会分析学生的生理特征

3.3.1.3 会分析学生的心理特征

3.3.1.4 会分析中职学生的社会性特征

3.3.2 分析初始能力

3.3.2.1 会分析学生的预备能力

3.3.2.2 会分析学生的目标能力

3.3.3 分析中职学生的学习风格

3.3.3.1 会分析中职学生的认知风格

3.3.3.2 会分析中职学生的情感风格

3.4 确定重点、难点

3.4.1 确定教学重点

3.4.1.1 能确定核心或主体学习内容

3.4.1.2 能确定实际应用中广泛需要的学习内容

3.4.1.3 能确定对培养学生能力有重大作用的学习内容

3.4.2 确定教学难点

3.4.2.1 能确定抽象程度高的学习内容

3.4.2.2 能确定预备能力不足的学习内容

3.4.2.3 能确定感性认识不足的学习内容

3.5 确定学习载体(任务/项目)

3.5.1 分析学习任务

3.5.1.1 能明确学习任务与工作任务的关系

3.5.1.2 能确定学习任务中的技术理论知识

3.5.1.3 能确定学习任务中的技术实践知识

3.5.1.4 能确定学习任务中的态度养成

3.5.2 确定学习项目/任务

3.5.2.1 能确定环境设备

3.5.2.2 能确定背景知识

3.5.2.3 能确定操作指导方案

3.5.2.4 能确定质量评价标准

3.6 准备原材料及工具

3.6.1 确定完成学习任务所需的材料

3.6.1.1 能确定完成学习任务所需材料的名称

3.6.1.2 能确定完成学习任务所需材料的规格

3.6.1.3 能确定完成学习任务所需材料的数量

3.6.2 确定工具、仪表、设备

3.6.2.1 能确定完成学习任务所需的工具

3.6.2.2 能确定完成学习任务所需的仪表

3.6.2.3 能确定完成学习任务所需的设备

3.7 布置教学场景

3.7.1 确定教学场所

3.7.1.1 能确定现有的教学条件

3.7.1.2 能按现有的教学条件确定教学场所

3.7.2 准备教学媒体

3.7.2.1 能确认完成学习任务所需的教学媒体

3.7.2.2 能按教学条件确定教学媒体

3.7.3 工位安排

3.7.3.1 能根据设备台数和学生人数安排工位

3.7.3.2 能制定工位轮转方案

3.8 准备教辅资料

3.8.1 选择教辅资料

3.8.1.1 能收集相关教辅资料

3.8.1.2 能分析相关教辅资料

3.8.1.3 能选择教辅资料

3.8.1.4 能组织教辅资料

*3.8.2 开发教辅资料

3.8.2.1 能根据学生实际情况开发教辅资料

3.8.2.2 能按照课程实际需要开发教辅资料

3.9 落实企业教学

3.9.1 方案制订

3.9.1.1　分析企业教学单位的特性

3.9.1.2　能拟定企业教学计划

3.9.2　企业联系

3.9.2.1　能走访、联络相关企业

3.9.2.2　能落实企业教学计划

3.10　确定教学策略

3.10.1　确定教学准备策略

3.10.1.1　能确定教学形式

3.10.1.2　能确定教学情境

3.10.1.3　会选用教学方法

3.10.1.4　会组织处理教学内容

3.10.1.5　会编排教学活动进程

3.10.1.6　会选用教学媒体

3.10.2　确定教学实施策略

3.10.2.1　能确定动机激发策略

3.10.2.2　能确定教学内容呈现方式策略

3.10.2.3　能确定教学中的沟通与合作策略

3.11　教学评价设计

3.11.1　明确教学评价的内涵

3.11.1.1　能明确教学评价的种类

3.11.1.2　能明确教学评价的功能

3.11.1.3　能明确教学评价的原则

3.11.2　设计教学评价方案

3.11.2.1　能解读能力标准

3.11.2.2　会选取工作样本

*3.11.2.3　会准备评价材料

*3.11.2.4　能制定施测计划

4　教学准备

4.1　准备教学资源

4.1.1　准备原材料与设备、工具

4.1.1.1　能按学习任务和工位安排准备原材料和设备、工具

4.1.1.2　能检验设备、工具与仪表

4.1.2　准备媒体资源

4.1.2.1　能根据学习项目收集媒体信息资源

4.1.2.2　能根据学习任务需要准备教学媒体

4.2　准备教辅材料

4.2.1　准备教学资料

4.2.2.1　准备教学参考资料

4.2.2.2　准备技能训练资料

4.2.2　准备技术资料

4.2.2.1　准备相关技术标准

4.2.2.2 准备各类专业用表

4.3 布置教学情境

4.3.1 布置物理维度教学情境

4.3.1.1 会布置信息资源

4.3.1.2 会布置认知工具

4.3.1.3 会创设设施情境

4.3.1.4 会布置岗位作业情境

4.3.2 布置心理维度教学情境

4.3.2.1 会布置企业化管理情境

4.3.2.2 会布置企业文化情境

4.4 准备教具

4.4.1 明确教具管理办法

4.4.1.1 能明确教具管理相关规定

4.4.1.2 能明确教具使用相关办法

4.4.2 检查与布置教具

4.4.2.1 会检查教具的质量

4.4.2.2 会按教学环境布置教具

5 实施教学

5.1 导入新课

5.1.1 导语引导

5.1.1.1 能应用问题引导法

5.1.1.2 能应用简介引导法

5.1.1.3 能应用事例引导法

5.1.1.4 能应用悬念引导法

5.1.1.5 能应用故事引导法

5.1.1.6 能应用回顾引导法

5.1.2 情境引导

5.1.2.1 能应用实物引导法

5.1.2.2 能应用媒体展示引导法

5.1.2.3 能应用教具演示引导法

5.1.2.4 能应用实验引导法

5.2 情景导入

5.2.1 媒体引导

5.2.1.1 能应用语言媒体导入情景

5.2.1.2 能应用传统媒体导入情景

5.2.1.3 能应用电化媒体导入情景

5.2.2 行动引导

5.2.2.1 能应用案例教学法导入情景

5.2.2.2 能应用项目教学法导入情景

5.2.2.3 能应用角色扮演教学法导入情景

5.2.2.4 能应用引导文教学法导入情景

5.2.2.5　能应用模拟教学法导入情景

5.2.2.6　能应用任务驱动教学法导入情景

5.3　布置学习任务

5.3.1　布置项目教学法学习任务

5.3.1.1　能解读项目任务

5.3.1.2　能解读学习目标

5.3.1.3　能解读技术要求、工艺要求

5.3.1.4　能协助学生准备工具、材料

5.3.1.5　能提供项目学习参考资料

5.3.1.6　能对项目学习进行引导

5.3.2　布置引导文教学法学习任务

5.3.2.1　能描述学习任务

5.3.2.2　能提出引导问题

5.3.2.3　能提供学习参考资料

5.3.3　布置模拟教学法学习任务

5.3.3.1　能布置模拟设备法学习任务

5.3.3.2　能布置模拟情境法学习任务

5.3.4　布置案例教学法学习任务

5.3.4.1　能布置案例阅读任务

5.3.4.2　能提出案例学习的引导问题

5.3.4.3　能组织案例学习的小组讨论

5.3.4.4　能组织案例学习的集体讨论

5.3.4.5　能组织案例学习的总结评价

5.3.5　布置四阶段教学法学习任务

5.3.5.1　能完成示范—模仿前的准备工作

5.3.5.2　能正确进行示范

5.3.5.3　能指导学生模仿与训练

5.3.5.4　能总结示范—模仿学习

5.4　处理突发事件

5.4.1　处理健康与安全突发事件

5.4.1.1　能检查教学实训场地的安全隐患

5.4.1.2　能制订危害健康和安全的事故处置预案

5.4.1.3　能处理危害健康和安全的突发事故

5.4.2　处理其他突发事件

5.4.2.1　能把握学生个性品质

5.4.2.2　能有效管理教学资源

5.4.2.3　能有效控制自身的心境、情绪和情感

5.4.2.4　能对不同的突发事件采取不同的处理办法

5.5　指导学生自评、互评

5.5.1　指导学生开展专业能力评价

5.5.1.1　能指导学生开展知识目标达成的自评和互评

5.5.1.2　能指导学生开展技能目标达成的自评和互评

5.5.2　指导学生开展社会能力评价

5.5.2.1　能指导学生开展与人交流能力的自评和互评

5.5.2.2　能指导学生开展团队合作能力的自评和互评

5.5.2.3　能指导学生开展情感态度的自评和互评

5.5.3　指导学生开展方法能力评价

5.5.3.1　能指导学生开展信息处理能力的自评和互评

5.5.3.2　能指导学生开展自我学习能力的自评和互评

5.5.3.3　能指导学生开展解决问题能力的自评和互评

5.5.3.4　能指导学生开展计划能力的自评和互评

5.5.3.5　能指导学生开展创新能力的自评和互评

6　教学评价

6.1　课后反思

6.1.1　教法反思

6.1.1.1　能反思教学计划、教学方案

6.1.1.2　能反思各教学环节

6.1.2　学法反思

6.1.2.1　能反思学生的学习方法

6.1.2.2　能反思学法的指导

6.1.3　教学效果反思

6.1.3.1　能反思专业能力目标的达成

6.1.3.2　能反思社会能力目标的达成

6.1.3.3　能反思方法能力目标的达成

6.1.3.4　能适时调整教学方案

6.2　确定评价内容

6.2.1　确定专业能力评价内容

6.2.1.1　能确定知识目标评价的内容

6.2.1.2　能确定技能目标评价的内容

6.2.2　确定方法能力评价内容

6.2.2.1　能确定信息处理能力评价的内容

6.2.2.2　能确定自我学习能力评价的内容

6.2.2.3　能确定解决问题能力评价的内容

6.2.2.4　能确定计划能力评价的内容

6.2.2.5　能确定创新能力评价的内容

6.2.3　确定社会能力评价内容

6.2.3.1　能确定交流能力评价的内容

6.2.3.2　能确定团队合作能力评价的内容

6.2.3.3　能确定情感态度评价的内容

6.3　确定评价标准

6.3.1　运用评价标准

6.3.1.1　能选择评价标准

6.3.1.2 能使用评价量规

*6.3.2 制定评价标准

6.3.2.1 能制定整体性评价量规

6.3.2.2 能制定分项评价量规

6.3.2.3 能制定通用评价量规

6.3.2.4 能制定专用评价量规

6.4 确定评价方式、方法

6.4.1 确定专业能力评价方式、方法

6.4.1.1 能确定知识目标评价方式、方法

6.4.1.2 能确定技能目标评价方式、方法

6.4.2 确定方法能力评价方式、方法

6.4.2.1 能确定信息处理能力评价方式、方法

6.4.2.2 能确定自我学习能力评价方式、方法

6.4.2.3 能确定解决问题能力评价方式、方法

6.4.2.4 能确定计划能力评价方式、方法

6.4.2.5 能确定创新能力评价方式、方法

6.4.3 确定社会能力评价方式、方法

6.4.3.1 能确定交流能力评价方式、方法

6.4.3.2 能确定团队合作能力评价方式、方法

6.4.3.3 能确定情感态度评价方式、方法

6.5 评价组织与实施

6.5.1 评价的组织

6.5.1.1 能组织教学评价

*6.5.1.2 能制定教学评价指标体系

6.5.2 评价的实施

6.5.2.1 能选择适合的评价工具

6.5.2.2 能选择适当的评价方法

6.5.2.3 能获取评价信息

6.5.2.4 能做出价值判断

6.6 评价分析

6.6.1 分析评价过程

6.6.1.1 能分析评价内容与评价目标的关联性

6.6.1.2 能分析评价量规的科学性

6.6.1.3 能分析评价方式、方法的合理性

6.6.1.4 能分析评价组织与实施的合理性

6.1.2 分析评价结果

6.1.2.1 能分析评价结果的有效性

6.1.2.2 能分析评价结果的真实性

***6.7 反馈调整**

6.7.1 教学评价反馈

6.7.1.1 能向学生反馈评价结果

6.7.1.2 能写出评价结果报告

6.7.2 教学调整

6.7.2.1 能根据评价结果改进教法

6.7.2.2 能根据评价结果指导学生改进学法

7 教学指导

7.1 上示范课

7.1.1 示范教学

7.1.1.1 示范教学技能运用

7.1.1.2 示范教学方法运用

7.1.1.3 示范实践技能教学

7.1.1.4 示范特色课程教学

7.2 说课

7.2.1 说课

7.2.1.1 说教学内容

7.2.1.2 说教学方法与策略

7.2.1.3 说教学对象特点

7.2.1.4 说重点、难点

7.2.1.5 说教学组织与实施

7.3 评课

7.3.1 评课

7.3.1.1 评教学内容的组织

7.3.1.2 评教学方法的运用

7.3.1.3 评师生互动情况

7.3.1.4 评教学时间的控制

***7.4 指导参赛**

7.4.1 设计指导方案

7.4.1.1 能设计参赛指导方案

7.4.1.2 能评估参赛指导方案

7.4.2 指导参赛训练

7.4.2.1 能指导学生的专业训练

7.4.2.2 能指导学生的比赛技巧

7.4.2.3 能在训练中强化学生的心理素质

7.4.2.4 能在训练过程中修正指导方案

7.4.3 参赛临场指导

7.4.3.1 能分析参赛心理

7.4.3.2 能疏导参赛心理障碍

7.4.3.3 能指导参赛准备工作

7.4.3.4 能明确参赛注意事项

***7.5 主持精品课建设**

7.5.1 设计精品课程建设方案

7.5.1.1 能明确精品课程建设思路

7.5.1.2 能明确精品课程建设方法
7.5.1.3 能明确精品课程建设模式
7.5.1.4 能制定精品课程建设规划
7.5.2 组织精品课程建设
7.5.2.1 能组建精品课程建设团队
7.5.2.2 能明确课程特色
7.5.2.3 能组织完善实践教学设施与环境
7.5.2.4 能实施精品课程建设规划
7.5.2.5 能组织优化课程资源和建设课程网站
7.5.2.6 能组织精品课程研究

7.6 组织实习、实训活动

7.6.1 设计实习、实训方案
7.6.1.1 能设计实习、实训方案
*7.6.1.2 能评估实习、实训方案
7.6.2 开展实习、实训活动
7.6.2.1 能按方案指导实习、实训
7.6.2.2 能在指导过程中修正实习、实训方案
7.6.2.3 能评价实习、实训活动

***7.7 指导青年教师**

7.7.1 指导青年教师基本素养
7.7.1.1 能指导道德素养的养成
7.7.1.2 能指导能力素养的养成
7.7.2 指导青年教师的技能
7.7.2.1 能指导青年教师的教学技能
7.7.2.2 能指导青年教师的说课技能
7.7.2.3 能指导青年教师的听课、评课技能
7.7.2.4 能指导课程资源开发和利用技能

*8 教学研究

8.1 提出教研课题、立项

8.1.1 确定教改研究课题
8.1.1.1 能明确教改研究课题选择原则
8.1.1.2 能查阅教改研究文献
8.1.2 设计教改研究方案
8.1.2.1 能提出教改研究设想
8.1.2.2 能选择教改研究方法
8.1.2.3 能制定教改研究程序
8.1.2.4 能预测教改研究成果

8.2 组织开展教改研究活动

8.2.1 实施教改研究活动
8.2.1.1 会收集教改研究资料和数据
8.2.1.2 会分析处理教改研究资料和数据

8.2.1.3 会调整和补救随机因素的影响

8.2.2 总结教改研究结论

8.2.2.1 能做出教改研究结论

8.2.2.2 能解释教改研究结果

8.3 撰写研究报告

8.3.1 明确教改研究报告的规范

8.3.1.1 能明确教改研究报告的体例

8.3.1.2 能明确教改研究报告的要求

8.3.2 总结教改研究报告

8.3.2.1 能总结教改研究过程

8.3.2.2 能分析总结教改研究资料和数据

8.3.2.3 能总结教改研究结论

8.4 应用研究成果

8.4.1 教改研究成果的验证与修正

8.4.1.1 能验证教改研究成果

8.4.1.2 能完善修正教改研究结论

8.4.2 教改研究成果的应用推广

8.4.2.1 能应用教改研究成果

8.4.2.2 能推广教改研究成果

***8.5 撰写论文**

8.5.1 明确论文撰写准备工作

8.5.1.1 能确定教改研究得出的规律

8.5.1.2 能确认教改研究结论

8.5.2 明确论文的撰写方法

8.5.2.1 能明确教改研究论文的结构

8.5.2.2 能正确使用表述语言

8.5.2.3 能修改润色论文

8.5.3 论文的投稿

8.5.3.1 能检查稿件

8.5.3.2 能选择投稿期刊

***9 教学改革**

9.1 现状调研与评价

9.1.1 调研教学现状

9.1.1.1 能确定教学现状调研方法

9.1.1.2 能设计教学现状调研工具

9.1.1.3 能开展教学现状调研工作

9.1.2 评价教学现状

9.1.2.1 能统计教学现状调研数据

9.1.2.2 能分析教学现状调研数据

9.1.2.3 能得出教学现状调研结论

9.2 提出教改方案

9.2.1 提出教改目标与思路

9.2.1.1 能提出教改目标

9.2.1.2 能提出教改思路

9.2.2 提出教改内容

9.2.2.1 能确定教改课题

9.2.2.2 能提出培养模式改革方案

9.2.2.3 能提出课程体系改革方案

9.2.2.4 能提出课程内容改革方案

9.2.2.5 能提出教学方法改革方案

9.2.2.6 能提出教学手段改革方案

9.2.2.7 能提出教学评价改革方案

9.2.2.8 能提出教材建设方案

9.2.2.9 能提出教学实施环境建设方案

9.2.3 提出教改措施

9.2.3.1 能提出教改实施技术路线

9.2.3.2 能提出教改实施保障措施

9.3 组织实施教改方案

9.3.1 组织教改方案的实施

9.3.1.1 能制定实施计划

9.3.1.2 能组建实施队伍

9.3.1.3 能分析和掌握团队成员的能力特点

9.3.1.4 能根据团队成员的能力特点对工作进行合理分工

9.3.1.5 能搭建团队成员交流沟通的平台

9.3.2 实施教改方案

9.3.2.1 能明确教改的内容

9.3.2.2 能明确教改的方法

9.3.2.3 能明确教改的步骤

9.3.2.4 能按教改方案实施教改活动

9.3.2.5 能在实施过程中修正调整教改方案

9.4 评价教改效果

9.4.1 制定评价标准体系

9.4.1.1 能制定评价指标体系

9.4.1.2 能制定评价标准

9.4.2 评价组织与实施

9.4.2.1 能组织评价活动

9.4.2.2 能获取评价信息

9.4.2.3 能做出价值判断

9.4.3 评价分析

9.4.3.1 能分析评价标准体系

9.4.3.2 能分析评价结果的有效性

9.4.3.3 能分析评价结果的真实性

9.4.4 反馈调整

9.4.4.1 能写出评价报告

9.4.4.2 能根据评价结果提出建议

*10 专业建设

10.1 制定专业发展规划

10.1.1 能分析研究本专业发展状况

10.1.2 能制定本专业发展建设规划

10.2 建设专业实习实训基地

10.2.1 校内专业实训基地建设

10.2.1.1 能提出校内专业实训基地建设方案或建议

10.2.1.2 能主持或参加校内专业实训基地建设

10.2.2 校外专业实习基地建设

10.2.2.1 能与铁道运输行业的相关部门建立联系与沟通

10.2.2.2 能提出校外专业实训基地建设建议

10.2.2.3 能参加校外专业实训基地建设活动

10.3 专业课程建设

10.3.1 职业教育课程的开发

10.3.1.1 “工作过程导向”课程开发

10.3.1.2 “学习领域”课程开发

10.3.2 校本课程开发

10.3.2.1 能根据学校特点设计开发校本课程

10.3.2.2 能根据专业特点开发校本课程

10.3.3 精品课程建设

10.3.3.1 能制订精品课程建设方案

10.3.3.2 能主持或参与精品课程建设

中等职业学校铁道运输管理专业教师培训方案

执　笔：吴　晓（浙江师范大学）

主要研发人员：沈亚强（浙江师范大学）

冯俊杰（辽宁铁道职业技术学院）

徐小勇（西安铁路职业技术学院）

李　磊（浙江师范大学）

黄　芳（浙江师范大学）

钟俊坚（浙江师范大学）

施俊庆（浙江师范大学）

郑丽娟（浙江师范大学）

顾　问：季　令（同济大学）

本方案分上岗、提高、骨干三个层级，由培训目的、培训对象、培训目标、培训内容、培训要求、培训考核、培训方法等构成。

上岗层级教师培训方案

一、培 训 目 的

以《国务院关于大力发展职业教育的决定》(国发[2005]35 号)和《教育部财政部关于实施中等职业学校教师素质提高计划的意见》(教职成[2006]13 号)为指导,努力改善中等职业学校教学工作,显著提高专业教师的业务能力、学术水平,努力建设一支高素质的教师队伍。通过培训,使接受培训的教师政治思想和职业道德水准、专业知识与专业技能、学术水平、教育教学能力和科研能力等方面的综合素质有显著提高,使之成为具有较高素质和高水平,具有终身学习能力和教育创造能力,能开展专业教学和实践教学指导的中等职业学校的"双师(能)型"专业合格教师。

二、培 训 对 象

中等职业学校从事教学工作,学历达标并已获得教师资格证;或刚从运输类专业大学毕业,或从事其他相近专业转岗到本专业的教师,并且未从事过铁道运输专业理论、实验实训教学,希望通过培训提高专业教学能力,能够胜任铁道运输管理专业课程和实践教学工作。

三、培 训 目 标

培训以中等职业学校铁道运输管理专业教师教学能力标准为依据,通过职业道德、职业教育学、现代教育技术应用、职业教育心理学、专业教学法和铁道运输管理专业知识技能学习以及铁路运输企业实践,力求培养他们树立先进的职业教育理念,学会先进的教学方法,掌握现代教育技术,提升专业知识、技能和职业教育教学法方面的综合素质,特别是实践教学能力、先进的职业教育教学方法。坚持贯彻"双师型"师资队伍建设目标,使经过上岗层级培训的专业教师原则达到以下目标:

1. 热爱教育事业、自觉贯彻党的教育方针,充满创新精神和改革意识,求真务实,教书育人、为人师表。

2. 了解铁道运输管理专业的发展动向和最新成果,了解铁道运输组织管理的先进技术,具有一定的专业知识和专业技能。

3. 了解中等职业教育和本专业教学理论与实践的最新成果,初步了解职业教育本质特点,了解实际的职业及职业规章。

4. 掌握基本教学技能,能在老教师的帮助下独立完成特定教学内容的教学,能基本把握课堂的节奏,独立应对课堂中出现的各种突发状况。

5. 了解基本教学方法,掌握两种及以上的教学方法实施教学,能够应用基本的教学媒体。

6. 了解职业分析方法,会运用工作分析方法对具体岗位和工作过程进行分析。

7. 具备从事中等职业学校铁道运输管理专业教师必备的教学能力，达到铁道运输管理专业相关岗位的国家职业标准的基本操作技能。

四、培训内容

根据中等职业学校专业教师教学能力标准，培训内容分教育类和专业类，由一个公共平台模块和三个专业方向模块组成。教育类公共平台模块由职业道德、职业教育学、现代教育技术应用和职业教育心理学等模块构成；专业类方向模块包括专业平台模块、系列专业核心课程及技能模块和企业实践模块三部分，其中包含铁路行车组织与管理、铁路客运组织与管理、铁路货运组织与管理三个方向，根据培训需要可以选择某个方向。

（一）培训模块

1. 教育类平台模块

模块名称	培训内容	培训课时	培训形式/方式
职业道德培训模块	●职业道德	自定	综合式/校本培训
职业教育学培训模块	●职业教育基本概念 ●职业教育教学理念 ●职业教育教学模式	4	课程式/基地培训
现代教育技术应用培训模块	●现代教学媒体和教学软件运用	4	课程式/基地培训
职业教育心理学培训模块	●学习者分析 ●学情分析	4	课程式基地培训
专业教学法培训模块	●教学设计 ●专业课程开发 ●行动导向教学法 ●教学技能 ●教学评价	48	课程式/基地培训
小　计		60	

2. 专业类方向模块

模块类别	模块名称	培训内容	培训课时	培训形式/方式
专业平台培训模块	职业发展与劳动组织分析培训模块	●铁道运输典型岗位职业分析	4	课程式/基地培训
	系列专业“四新”讲座培训模块	●铁道运输新发展 ●铁道运输行业“四新”应用	8	课程式/基地培训
小计(学时)			12	
系列专业核心课程(含技能)培训模块(可三选一)	方向1 铁路行车组织与管理	●接发列车 ●调车作业 ●车号及统计 ●运输调度 ●行车安全	52	综合性/基地培训(结合参加校本教学观摩)
	方向2 铁路客运组织与管理	●车站客运 ●列车客运 ●行包运输 ●旅客运输计划	52	综合性/基地培训(结合参加校本教学观摩)

续上表

模块类别	模块名称	培训内容	培训课时	培训形式/方式
系列专业核心课程(含技能)培训模块(可三选一)	方向 3 铁路货运组织与管理	●普通货物运输 ●特殊货物运输 ●货物联合运输 ●货运安全及检查	52	综合性/基地培训(结合参加校本教学观摩)
企业实践方向模块(可三选一)	方向 1 铁路技术(编组)站实践	●助理值班员岗位技能 ●信号员岗位技能 ●车号员岗位技能	120	定岗或顶岗实习/基地培训
	方向 2 铁路客运车间(车站)实践	●客运员岗位技能 ●列车员岗位技能 ●铁路售票员岗位技能	120	
	方向 3 铁路货运车间(车站)实践	●货运员岗位技能 ●货运核算员岗位技能 ●货运检查员岗位技能	120	
合　　计		244		

(二)培训时间

教育类公共平台培训模块 60 学时、专业类理论技能平台模块 64 学时、企业实践 120 学时,合计 244 学时(选择一个方向)。

五、培 训 要 求

(一)教育类培训模块

通过教育类模块培训教学,使参加培训的专业教师能初步了解中等职业教育和本专业教学理论与实践的最新成果,提高职业教育理论水平;了解铁道运输新知识、新技术、新设备、新工艺应用情况,了解铁道运输行业的生产组织、运输业务管理和职业技术结构。教学围绕职业教学设计而开展,通过专业教学理论讲座、教学观摩和教学实践等学习形式,开展专业教学法知识学习和实践训练。通过专业教学法的学习与相关教学实践活动,使上岗教师明确本专业任务引领、实践导向课程的教学设计模式、教学方法、教学媒体设计与使用、教学技能和学业成就的评价方法,具备在铁路客运组织与管理、铁路货运组织与管理、铁路行车组织与管理等核心内容教学上,运用案例教学法、角色扮演教学法、任务教学法等专业教学法开展教学实践的教学技能,达到能够单独开展专业教学的水平。

(二)专业能力模块

通过本模块的学习与相关技能训练,培养上岗教师的铁道运输管理专业知识和技能专业,根据专业教师的教学能力标准,教学以"典型工作任务与教师专业能力"分析出发,围绕国家职业标准中与铁道运输管理专业相关岗位的主要工作任务设置培训学习领域,选择专业内容;以"工作过程"为导向,以仿真实验设备和具体案例为载体,结合行动导向教学法,创设学习情景,使上岗教师明确本专业核心课程内容与基本要求,达到能独立开展专业课程教学的能力。培养学员的铁路运输管理相关工种的实作技能，特别是培养专业教师实践动手能力，达到能够指导学生开展接发列车、调车作业、铁路客运组织、铁路货运组织等相关项目训练的水平。

（三）企业实践模块

企业实践模块是为进一步提高专业教师铁路行车组织与管理、铁路客运组织与管理、铁路货运组织与管理岗位等职业技能而设置的。通过铁路运输企业实践，使受训教师熟悉铁路运输管理典型岗位的职业岗位工作任务，进一步熟悉这些岗位作业内容、作业方法、作业过程和作业标准，要求教师在企业培训师或技师的指导下跟班或顶岗实践，达到下列岗位之一：助理值班员、信号员、车号员、客运员、铁路售票员、列车员、货运员、货运核算员及货运检查员等岗位的国家职业标准要求的中级工技能水平。

六、培 训 考 核

（一）考核方式

培训考核根据骨干教师需求和培训目标进行。培训考核方式实行目标管理制，可以采用理论考核与技能考核相结合，单项考核与综合考核相结合，阶段评价与目标评价的评价相结合，教师评价与企业导师评价以及学员互评相结合等多种评价模式。

（二）考核内容

培训考核包含以下几部分：

1. 理论知识。
2. 专业实践技能。
3. 企业实践活动。
4. 教案与试讲。
5. 教学法实践总结。
6. 平时作业与出勤。

（三）考核标准

1. 完成一份教案并试讲。能运用所学教学理论和方法编写一份不少于 4 课时教案并试讲，做到重点突出、难易适中、条理清晰、表达流畅、符合规范。

2. 参加专业基本理论知识和技能的考核。

3. 设计一份某门铁道运输管理专业课程试卷（中职学生用）。要求试题的题型规范、题量合理、难易适中，评价定位准确。

4. 撰写一篇教学法应用体会或实践总结。内容真实，文笔流畅，能运用现代职业理论，理论联系实际。

5. 认真参加企业实践，完成铁路行车岗位或铁路客运岗位或铁路货运岗位相关操作技能实践活动，由实践企业对实践情况和专业技能水平做出评定。

6. 培训机构对平时作业与出勤做出评定。

七、培 训 方 法

培训采取“校本培训＋基地培训＋企业实践”的模式，培训教学针对职业教育教学特点，通过以基于工作过程选取培训内容，以先进的教学方法和现代化的手段以先进的教学方法开展培训，注意采用任务教学法、案例教学法、角色扮演教学法等比较适合铁道运输管理专业教学特点的现代教学方法在培训实施过程中的应用，并通过多媒体技术的应用、虚拟实验技术的引入、虚拟工作环境的建立，为职教师资的教学培训创设新的学习情景。以能力培养为本位，以“工作任务”为线索，发挥培训对象在培训活动中的主体作用，提高培训对象的综合能力，通过教学设计分析、模拟教学情境、交流研讨、专家讲座和企业实践等培训环节，提高专业教师的教学能力与实际动手能力。

八、培训方案附件

附件 1　中等职业学校铁道运输管理专业教师培训包
（上岗层级教师培训）

本培训包由一个公共平台模块和三个专业方向模块组成。

（一）教育类平台模块

培训模块	培训内容	模块代码	培训时间（课时）	培训形式/方式
职业道德	示范职业道德	N1-1	自定	校本培训
	传授职业道德	N1-2		
职业教育学	职业教育基本概念	N2-1	4	课程式/基地培训
	职业教育教学理念	N2-2		
	职业教育教学模式	N2-3		
职业教育心理学	学习者分析	N5-1	4	课程式/基地培训
	学情分析	N5-2		
现代教育技术应用	现代教学媒体和教学软件运用	N3-1	4	综合性/基地培训
专业教学法 1	专业教学特点分析——专业教学内容和教材分析	N4-1-2	4	课程式/基地培训
专业教学法 2	教学设计——教案设计	N4-2-1	8	综合式/基地培训
	教学设计——授课计划制订	N4-2-2		
专业教学法 3	专业课程开发——专业教学计划	N4-3-1	4	课程式/基地培训
专业教学法 4	行动导向教学法——案例教学法	N4-4-1	16	综合性/基地培训
	行动导向教学方法——任务教学法	N4-4-3		
	行动导向教学法——角色扮演法	N4-4-4		
专业教学法 5	教学技能——教学基本技能	N4-5-1	12	综合性/基地培训 校本培训
	教学技能——说课技能	N4-5-2		
专业教学法 6	教学评价标准和基本模式	N4-6-1	4	课程式/基地培训
	教学评价内容和方法	N4-6-2		
小　计			60	

(二)专业类方向模块

1. 方向模块之一(铁路行车组织与管理)

培训模块	培训内容	模块代码	培训时间(课时)	培训形式/方式
职业发展与劳动组织分析	助理值班员职业分析	N6-1-1	4	课程式/基地培训
	信号员或车号员职业分析	N6-1-2		
系列专业"四新"讲座	铁道运输新发展专题	N7-1	4	课程式/基地培训
	铁道运输行业"四新"应用介绍	N7-2	4	课程式/基地培训
系列专业核心课程(含技能)				
接发列车	正常情况下接发列车	N8-1-1	12	综合性/基地培训(结合参加校本教学观摩)
	接发特殊列车	N8-1-2		
	非正常情况接发列车	N8-1-3		
调车作业	车站作业计划的编制	N8-2-1	12	综合性/基地培训(结合参加校本教学观摩)
	牵出线调车作业	N8-2-2		
	制动作业	N8-2-4		
车号及统计	确报及传输票据	N8-3-1	12	综合性/基地培训(结合参加校本教学观摩)
	列车编组顺序表的编制	N8-3-2		
	现在车统计	N8-3-3		
	装卸车统计	N8-3-4		
	货车停留时间统计	N8-3-5		
运输调度	列车编组计划的编制	N8-4-1	12	综合性/基地培训(结合参加校本教学观摩)
	列车运行图的编制	N8-4-2		
	铁路运输技术计划及运输方案的编制	N8-4-3		
	调度日(班)计划的编制	N8-4-4		
	列车运行实际图的铺画	N8-4-5		
行车安全	行车事故处理	N8-5-1	4	综合性/基地培训(结合参加校本教学观摩)
小　　计			64	
企业实践		M1-1		
铁路技术(编组)站实践	助理值班员岗位技能	M1-1-1	40	定岗
	信号员岗位技能	M1-1-2	40	
	车号员岗位技能	M1-1-3	40	
小　　计			120	

2. 方向模块之二(铁路客运组织与管理)

培训模块	培训内容	模块代码	培训时间(课时)	培训形式/方式
职业发展与劳动组织分析	铁路客运员职业分析	N6-1-3	4	课程式/基地培训
	铁路售票员或列车员职业分析	N6-1-7		

续上表

培训模块	培训内容	模块代码	培训时间(课时)	培训形式/方式
系列专业"四新"讲座	铁道运输新发展专题	N7-1	4	课程式/基地培训
	铁道运输行业"四新"应用介绍	N7-2	4	课程式/基地培训
系列专业核心课程(含技能)				
车站客运	客运服务礼仪	N8-6-1	16	综合性/基地培训(结合参加校本教学观摩)
	车站售票工作	N8-6-2		
	旅客流线的组织	N8-6-3		
	误购(售)、误乘情况的处理	N8-6-4		
	客运杂费的核收	N8-6-5		
列车客运	旅客列车乘务工作	N8-7-1	12	综合性/基地培训(结合参加校本教学观摩)
	旅客运输阻碍的处理	N8-7-2		
	旅客运输事故的处理	N8-7-3		
行包运输	行包的托运和承运	N8-8-1	12	综合性/基地培训(结合参加校本教学观摩)
	行包的运送和变更	N8-8-2		
	行包违章运输的处理	N8-8-3		
	行包专列运输组织	N8-8-4		
旅客运输计划	旅客运输客流计划的编制	N8-9-1	12	综合性/基地培训(结合参加校本教学观摩)
	旅客运输日常计划的编制	N8-9-2		
	旅客运输技术计划的编制	N8-9-3		
小计			64	
企业实践		M1		
铁路客运车间(车站)实践	客运员岗位技能	M1-2-1	40	定岗/顶岗实习
	列车员岗位技能	M1-2-2	40	
	铁路售票员岗位技能	M1-2-3	40	
小计			120	

3. 方向模块之三(铁路货运组织与管理)

培训模块	培训内容	模块代码	培训时间(课时)	培训形式/方式
职业发展与劳动组织分析	货运员职业分析	N6-1-4	4	课程式/基地培训
	货运核算员或货运检查员职业分析	N6-1-8		
系列专业"四新"讲座	铁道运输新发展专题	N7-1	4	课程式/基地培训
	铁道运输行业"四新"应用介绍	N7-2	4	课程式/基地培训
系列专业核心课程(含技能)				
普通货物运输	货物运输基本作业	N8-10-1	22	综合性/基地培训(结合参加校本教学观摩)
	货场布置及管理	N8-10-2		
	铁路货运计划的编制	N8-10-3		
	货物运输费用的计算	N8-10-4		
	运单、货票的编制	N8-10-5		
	货运其他杂费的核收	N8-10-6		
	集装箱货物运输组织	N8-10-7		

续上表

培训模块	培训内容	模块代码	培训时间(课时)	培训形式/方式
特殊货物运输	货物装载加固方案的设计	N8-11-1	18	综合性/基地培训(结合参加校本教学观摩)
	阔大货物的运输组织	N8-11-2		
	鲜活货物的运输组织	N8-11-3		
	危险货物的运输组织	N8-11-4		
货运安全及检查	货运记录的编制	N8-12-1	8	综合性/基地培训(结合参加校本教学观摩)
	货运事故速报的拍发	N8-12-2		
	货物运输检查	N8-12-3		
	货运事故处理	N8-12-4		
货物联合运输	国内多式联运货物组织	N8-13-1	4	综合性/基地培训(结合参加校本教学观摩)
	联合货物运输的变更	N8-13-2		
小　计			64	
企业实践		M1		
铁路货运车间(车站)实践	货运员岗位技能	M1-3-1	40	定岗/顶岗实习
	货运核算员岗位技能	M1-3-2	40	
	货运检查员岗位技能	M1-3-3	40	
小　计			120	

附件2　中等职业学校铁道运输管理专业教师能力培训模块代码表

代码	培训模块	内　容	备注
N1	职业道德		
N1-1		示范职业道德	
N1-2		传授职业道德	
N2	职业教育学		
N2-1		职业教育基本概念	
N2-2		职业教育教学理念	
N2-3		职业教育教学模式	
N2-4		职业教育课程开发	
N3	现代教育技术应用		
N3-1		现代教学媒体和教学软件运用	
N3-2		网络教学资源的利用	
N3-3		教学课件与教学媒体资源开发	
N4	专业教学法		
N4-1	1 专业教学特点分析		
N4-1-1		专业现状分析	

续上表

代码	培训模块	内　　容	备注
N4-1-2		专业教学内容和教材分析	
N4-2	2 专业教学设计		
N4-2-1		教案设计	
N4-2-2		授课计划制订	
N4-2-3		工作导向学习情景设计	
N4-2-4		教学过程评价	
N4-3	3 专业课程开发		
N4-3-1		专业教学计划	
N4-3-2		专业主干课程标准	
N4-3-3		学习领域课程开发	
N4-4	4 行动导向教学法		
N4-4-1		案例教学法	
N4-4-2		项目教学法	
N4-4-3		任务教学法	
N4-4-4		角色扮演法	
N4-4-5		模拟教学法	
N4-4-6		引导课文教学法	
N4-4-7		四阶段教学法	
N4-4-8		思维导图教学法	
N4-4-9		头脑风暴法	
N4-4-10		教学法的应用与创新	
N4-5	5 教学技能		
N4-5-1		教学基本技能	
N4-5-2		说课技能	
N4-5-3		实践教学指导技能	
N4-5-4		评课技能	
N4-6	6 教学评价		
N4-6-1		教学评价标准和基本模式	
N4-6-2		教学评价内容和评价方法	
N4-6-3		教学评价组织与实施	
N4-6-4		教学评价结果分析与反馈	
N4-7	7 教学研究与教学改革		
N4-7-1		课题(项目)立项与研究	
N4-7-2		教学研究论文的撰写	
N4-7-3		课题(项目)成果报告的撰写	
N4-8	8 专业建设		
N4-8-1		专业发展规划	

续上表

代码	培训模块	内　容	备注
N4-8-2		专业课程建设	
N4-8-3		专业实训基地建设	
N5	职业教育心理学		
N5-1		学习者分析	
N5-2		学情分析	
N6	职业发展与劳动组织分析		
N6-1	铁道运输行业的典型职业(工种、岗位)劳动过程分析		
N6-1-1		助理值班员职业分析	行车
N6-1-2		信号员职业分析	行车
N6-1-3		客运员职业分析	客运
N6-1-4		货运员职业分析	货运
N6-1-5		车站值班员职业分析	行车
N6-1-6		调车区长职业分析	行车
N6-1-7		铁路售票员职业分析	客运
N6-1-8		货运核算员职业分析	货运
N6-1-9		车站调度员职业分析	行车
N6-1-10		列车调度员职业分析	行车
N6-1-11		客运值班员职业分析	客运
N6-1-12		货运值班员职业分析	货运
N6-2	铁道运输行业的典型岗位(工种)职业生产组织分析		
N6-2-1		铁道运输行业的生产组织分析	
N6-2-2		铁道运输行业的运输业务分析	
N6-3	铁道运输行业发展分析		
N6-3-1		铁道运输行业职业发展分析(确定职业群)	
N6-3-2		铁道运输行业岗位技术发展分析(确定岗位技能点)	
N7	系列专业“四新”讲座		
N7-1	铁道运输行业最新发展		
N7-1-1		铁路客运专线专题	
N7-1-2		城际铁路(地区铁路)专题	
N7-1-3		现代城市轨道交通专题	
N7-1-4		高速铁路与重载运输专题	
N7-2	铁道运输行业“四新”应用介绍	铁道运输新知识、新技术、新设备、新工艺应用情况介绍	
N7-3	新技术对职业(岗位能力)标准发展分析	铁路运输新技术对职业(岗位能力)标准发展分析	
N8	系列专业核心课程(含技能)		
N8-1	接发列车		

续上表

代码	培训模块	内　容	备注
N8-1-1		正常情况下的接发列车	
N8-1-2		特殊列车的接发	
N8-1-3		非正常情况下的接发列车	
N8-1-4		CTC 分散自律式行车	
N8-1-5		自动报点与自动生成行车日志及无线列调系统	
N8-2	调车作业		
N8-2-1		车站作业计划的编制	
N8-2-2		牵出线调车作业	
N8-2-3		驼峰调车作业	
N8-2-4		制动作业	
N8-2-5		自动化驼峰作业	
N8-3	车号及统计		
N8-3-1		确报及票据管理	
N8-3-2		列车编组顺序表的编制	
N8-3-3		现在车统计	
N8-3-4		装卸车统计	
N8-3-5		货车停留时间统计	
N8-3-6		车号自动识别系统	
N8-4	运输调度		
N8-4-1		列车编组计划的编制	
N8-4-2		列车运行图的编制	
N8-4-3		铁路运输技术计划及运输方案的编制	
N8-4-4		调度日(班)计划的编制	
N8-4-5		列车运行实际图的铺画	
N8-4-6		常用调度命令用语及发布	
N8-4-7		TDCS 和 TMIS	
N8-4-8		城市轨道交通行车组织	
N8-5	行车安全		
N8-5-1		行车事故处理	
N8-5-2		事故救援组织	
N8-6	车站客运		
N8-6-1		客运服务礼仪	
N8-6-2		车站售票工作	
N8-6-3		旅客流线的组织	
N8-6-4		误购(售)、漏乘情况的处理	
N8-6-5		客运杂费的核收	
N8-6-6		特定运价的计算	

续上表

代码	培训模块	内　容	备注
N8-6-7		城市轨道交通站务工作	
N8-7	列车客运		
N8-7-1		旅客列车乘务工作	
N8-7-2		旅客运输阻碍的处理	
N8-7-3		旅客运输事故的处理	
N8-8	行包运输		
N8-8-1		行包的托运和承运	
N8-8-2		行包的运送和变更	
N8-8-3		行包违章运输的处理	
N8-8-4		行包专列运输组织	
N8-9	旅客运输计划		
N8-9-1		旅客运输客流计划的编制	
N8-9-2		旅客运输日常计划的编制	
N8-9-3		旅客运输技术计划的编制	
N8-9-4		旅客列车时刻表的编制	
N8-9-5		票额分配计划的编制	
N8-9-6		客流量预测(回归分析法)	
N8-10	普通货物运输		
N8-10-1		货物运输基本作业	
N8-10-2		货场布置及管理	
N8-10-3		铁路货运计划的编制	
N8-10-4		货物运输费用的计算	
N8-10-5		运单货票的填制	
N8-10-6		货运其他杂费的核收	
N8-10-7		集装箱货物运输组织	
N8-10-8		专用线(专用铁路)运输组织	
N8-11	特殊货物运输		
N8-11-1		货物装载加固方案的设计	
N8-11-2		阔大货物的运输组织	
N8-11-3		鲜活货物的运输组织	
N8-11-4		危险货物的运输组织	
N8-11-5		危险货物应急预案的编制	
N8-12	货运安全及检查		
N8-12-1		货运记录的编制	
N8-12-2		货运事故速报的拍发	
N8-12-3		货物运输检查	
N8-12-4		货运事故处理	

续上表

代码	培训模块	内　容	备注
N8-13	货物联合运输		
N8-13-1		国内货物多式联运的组织	
N8-13-2		联合货物运输的变更	
N8-13-3		联运事故赔偿处理	
N8-13-4		国际联运货物运输组织	
N8-13-5		国际联运货物运输管理	
N8-13-6		国际联运货物事故商务记录的编制	
M1	企业实践		
M1-1	铁路技术(编组)站实践		
M1-1-1		助理值班员岗位技能	
M1-1-2		连结员岗位技能	
M1-1-3		车号员岗位技能	
M1-1-4		车站值班员岗位技能	
M1-1-5		调车区长岗位技能	
M1-1-6		信号员岗位技能	
M1-1-7		车站调度员岗位技能	
M1-1-8		列车调度员岗位技能	
M1-2	铁路客运车间(车站)实践		
M1-2-1		客运员岗位技能	
M1-2-2		列车员岗位技能	
M1-2-3		铁路售票员岗位技能	
M1-2-4		行李员岗位技能	
M1-2-5		客运值班员岗位技能	
M1-3	铁路货运车间(车站)实践		
M1-3-1		货运员岗位技能	
M1-3-2		货运核算员岗位技能	
M1-3-3		货运检查员岗位技能	
M1-3-4		货运值班员岗位技能	

提高层级教师培训方案

一、培 训 目 的

以《国务院关于大力发展职业教育的决定》(国发[2005]35号)和《教育部财政部关于实施中等职业学校教师素质提高计划的意见》(教职成[2006]13号)为指导,努力改善中等职业学校教学工作,显著提高专业教师的业务能力、学术水平,努力建设一支高素质的教师队伍。通过培训,使接受培训的教师政治思想和职业道德水准、专业知识与专业技能、学术水平、教育教学能力和科研能力等方面的综合素质有显著提高,使之成为具有高素质、高水平,具有终身学习能力和教育创造能力,在教学实践中发挥示范作用的中等职业学校的"双师(能)型"专业骨干教师。

二、培 训 对 象

中等职业学校从事铁道运输管理专业教学工作的合格教师,已经具有一定的教学工作经验,希望通过培训提高水平与能力,向骨干教师目标努力的教师。

三、培 训 目 标

培训以中等职业学校铁道运输管理专业教师教学能力标准为依据,通过职业教育学、现代教育技术应用、职业教育心理学、专业教学法和铁道运输管理专业知识技能学习以及铁路运输企业实践,力求培养他们树立先进的职业教育理念,学会先进的教学方法,掌握现代教育技术,形成开展职业教育科学研究的能力。坚持贯彻"双师型"师资队伍建设目标,使经过提高层级的培训的专业教师原则上达到以下目标:

1. 热爱教育事业、自觉贯彻党的教育方针,充满创新精神和改革意识,求真务实,教书育人、为人师表。

2. 了解铁道运输管理专业的发展动向和最新成果,了解铁道运输组织管理的先进技术,具有较扎实的专业知识和专业水平。

3. 了解中等职业教育和本专业教学理论与实践的最新成果,基本把握职业教育本质特点,理解职业教育与其他相关学科联系。

4. 掌握职业分析方法,能够运用工作分析方法对具体岗位和工作过程进行分析,能够通过分析获取技术工人所需的知识、技能。

5. 理解专业教学法的内涵,掌握各种专业教学方法;能根据需要选取教学内容,并独立保质保量完成教学活动;有较强的专业教学能力,能成为中职学校铁道运输管理专业教学的骨干。

6. 了解中等职业学校教育科研动态,能够进行教学计划的具体设计、实施与评价以及教学资料、媒体、专业实验室及实训场所的分析应用。

7. 基本具备铁道运输管理专业新课程开发的能力,能在自己所在学校的本专业教学改革中发挥骨干作用。

8. 达到铁道运输管理专业相关岗位的国家职业标准中级或高级别的操作技能。获得铁道运输管理专业相关岗位(国家职业标准中级工或高级工)技能等级证书,并能参与本校学生的中等职业学校本专业的认证培训活动。

四、培训内容

根据中等职业学校专业教师教学能力标准,培训内容分教育类和专业类,由一个公共平台模块和三个专业方向模块组成。教育类公共平台模块由职业道德、职业教育学、现代教育技术应用和职业教育心理学等模块构成;专业类方向模块包括专业平台模块、系列专业核心课程及技能模块和企业实践模块三部分,其中包含铁路行车组织与管理、铁路客运组织与管理、铁路货运组织与管理三个方向,根据培训对象的需要可以选择某个方向。同时,根据专业延拓需要增设城市考察调研轨道交通运营公司选修模块。

(一)培训模块

1. 教育类平台模块

模块名称	培训内容	培训课时	培训形式/方式
职业道德培训模块	●职业道德	自定	综合式/校本培训
职业教育学培训模块	●职业教育基本概念 ●职业教育教学理念 ●职业教育教学模式 ●职业教育课程开发	4	课程式/基地培训
现代教育技术应用培训模块	●网络教学资源的利用 ●教学课件与教学媒体资源开发	8	课程式/基地培训
职业教育心理学培训模块	●学习者分析 ●学情分析	4	研讨式/基地培训
专业教学法培训模块	●专业教学特点分析 ●教学设计 ●专业课程开发 ●行动导向教学法 ●教学技能 ●教学评价 ●教学研究与教学改革 ●专业建设	60	研讨式/基地培训
小　计		76	

2. 专业类方向模块

模块类别	模块名称	培训内容	培训课时	培训形式/方式
专业平台培训模块	职业发展与劳动组织分析培训模块	●铁道运输典型岗位职业分析 ●铁道运输行业的生产组织分析 ●铁道运输业务分析 ●铁道运输岗位技术发展分析	8	研讨式/基地培训
	系列专业“四新”讲座培训模块	●铁道运输新发展 ●铁道运输行业“四新”应用 ●铁路运输新技术对职业(岗位能力)标准发展分析	8	课程式/基地培训
小　计				16

续上表

模块类别	模块名称	培训内容	培训课时	培训形式/方式
系列专业核心课程(含技能)培训模块(可三选一)	方向1 铁路行车组织与管理	●接发列车 ●调车作业 ●车号及统计 ●运输调度 ●行车安全	44	综合式/基地培训
	方向2 铁路客运组织与管理	●车站客运 ●列车客运 ●行包运输 ●旅客运输计划	44	综合式/基地培训
	方向3 铁路货运组织与管理	●普通货物运输 ●特殊货物运输 ●货运安全及检查 ●货物联合运输	44	综合式/基地培训
企业实践方向模块(可三选一)	方向1 铁路技术(编组)站实践	●车站值班员岗位技能 ●调车区长岗位技能 ●信号员岗位技能	120	定岗或顶岗实习/基地培训
	方向2 铁路客运车间(车站)实践	●客运员岗位技能 ●铁路售票员岗位技能 ●行李值班员岗位技能	120	
	方向3 铁路货运车间(车站)实践	●货运员岗位技能 ●货运核算员岗位技能 ●货运检查员岗位技能	120	
选修模块	*城市轨道交通运营公司(考察、调研)	●考察调研地铁公司	32	考察调研/基地培训
合　计		256+32(选修)		

(二)培训时间

教育类公共平台培训模块76学时、专业类理论技能60学时、企业实践120学时,选修模块32学时,合计256+32学时(选择一个方向)。

五、培训要求

(一)教育类培训模块

通过教育类模块培训教学,使参加培训的专业教师能了解中等职业教育和本专业教学理论与实践的最新成果,提高职业教育理论水平;熟悉铁道运输新知识、新技术、新设备、新工艺应用情况,了解铁道运输行业的生产组织、运输业务管理和职业技术结构以及铁路运输“四新”的应用对岗位职业能力的新要求。教学以铁道运输管理专业核心课程教学设计为主线,以如何开展任务引领、项目专业教学法的学习与相关教学实践活动，使专业教师熟悉本专业任务引领、实践导向课程开发技术、教学设计模式、行动导向教学方法和策略，具备在铁路行车组织与管理、铁路客运组织与管理、铁路货运组织与管理等核心课程的教学内容上熟练运用项目教学法、任务教学法、角色扮演法、模拟教学法、引导文教学法等专业教学法实施专业教学的技能，熟练掌握课程标准设计与评价、专业教学设计与评价、专业教学材料开发、职业教改论文的撰写，切实提高他们的专业教学能力和教育教学研究能力。

（二）专业能力模块

通过专业能力模块教学，进一步提高专业教师铁路行车组织与管理、铁路客运组织与管理、铁路货运组织与管理等专业核心课程的专业知识和接发列车、调车作业、车号及统计、调度指挥、车站客运、列车客运、普通货物运输、特殊货物运输、货运安全及货运检查、货物联合运输等项目教学能力。根据专业教师的教学能力标准，以"典型工作任务与教师专业能力"分析出发，围绕国家职业标准中与铁道运输管理专业相关岗位的主要工作任务设置培训学习领域；以"工作过程"为导向，选择专业内容；以仿真实验设备和具体案例为载体，结合行动导向教学法，创设学习情景和教学环境，使培训对象在专业技能训练过程中加深对专业知识、技能的理解和应用，拓宽教师的专业视野，提高培训对象的专业教学综合能力。

（三）企业实践模块

企业实践模块是为进一步提高专业教师铁路行车组织与管理、铁路客运组织与管理、铁路货运组织与管理岗位等职业技能而设置的。通过铁路运输企业实践，使受训教师熟悉铁路运输管理典型岗位的职业岗位工作任务，进一步熟悉这些岗位作业内容、作业方法、作业过程和作业标准，要求教师在企业培训师或技师的指导下跟班或顶岗实践，达到下列岗位之一：车站值班员、调车区长、信号员、客运员、铁路售票员、行李值班员、铁路货运员、货运核算员及货运检查员等岗位的国家职业标准要求的中级工或高级工的技能水平。

（四）选修模块

通过对某大城市的城市轨道交通考察和调研，熟悉城市轨道交通运营组织管理，城市轨道交通的建设与运营等情况。

六、培训考核

（一）考核方式

培训考核根据骨干教师需求和培训目标进行。培训考核方式实行目标管理制，可以采用理论考核与技能考核相结合，单项考核与综合考核相结合，阶段评价与目标评价的评价相结合，教师评价与企业导师评价以及学员互评相结合等多种评价模式。

（二）考核内容

培训考核包含以下几部分：

1. 理论知识。

2. 专业实践技能。

3. 企业实践活动。

4. 教案与试讲。

5. 教学研究论文。

6. 平时作业与出勤。

（三）考核标准

1. 完成一份教案并试讲。能运用所学教学理论和方法编写一份不少于4课时教案并试讲，做到重点突出、难易适中、条理清晰、表达流畅、符合规范。

2. 完成某个铁道运输典型岗位（工种）职业分析。对岗位（工种）的主要工作任务和职业活动的工作过程进行分析，要求分析报告符合规范，分析合理、把握准确。

3. 撰写一篇教学研究论文或调查报告。教学研究论文或调查报告不少于3 000字，内容充实，文笔流畅，有较为独到的见解，具有一定的教学理论指导意义。

4. 认真参加企业实践，完成铁路行车岗位或铁路客运岗位或铁路货运岗位相关技能考核。

5. 实践企业对实践情况和专业技能水平做出评定。

6. 培训机构对平时作业与出勤做出评定。

七、培训方法

培训采取“校本培训＋基地培训＋企业实践”的模式，培训教学针对职业教育教学特点，通过以基于工作过程选取培训内容，以先进的教学方法和现代化的手段以先进的教学方法开展培训，注意采用项目教学法、模拟教学法、案例教学法、角色扮演法、引导文教学法等比较适合铁道运输管理专业教学特点的现代教学方法在培训实施过程中的应用，并通过多媒体技术的应用、虚拟实验技术的引入、虚拟工作环境的建立，为职教师资的教学培训创设新的学习情景。以能力培养为本位，以“工作任务”为线索，发挥培训对象在培训活动中的主体作用，提高培训对象的综合能力，通过教学设计分析、模拟教学情境、交流研讨、专家讲座、企业实践和企业考察调研等培训环节，提高专业教师的教学能力与实际动手能力。

八、培训方案附件

附件1　中等职业学校铁道运输管理专业教师培训包
（提高层级教师培训）

本培训包由一个公共平台模块和三个专业方向模块组成。

（一）教育类平台模块

培训模块	培训内容	模块代码	培训时间（课时）	培训形式/方式
职业道德	示范职业道德	N1-1		校本培训
	传授职业道德	N1-2		
职业教育学	职业教育基本概念	N2-1	4	课程式/基地培训
	职业教育教学理念	N2-2		
	职业教育教学模式	N2-3		
	职业教育课程开发	N2-4		
职业教育心理学	学习者分析	N5-1	4	综合式/基地培训
	学情分析	N5-2		

续上表

<table>
<tr><th>培训模块</th><th>培训内容</th><th>模块代码</th><th>培训时间（课时）</th><th>培训形式/方式</th></tr>
<tr><td rowspan="2">现代教育技术应用</td><td>网络教学资源的利用</td><td>N3-2</td><td rowspan="2">8</td><td rowspan="2">课程式/基地培训</td></tr>
<tr><td>教学课件与教学媒体资源开发</td><td>N3-3</td></tr>
<tr><td rowspan="2">专业教学法 1</td><td>专业教学特点分析——专业现状分析</td><td>N4-1-1</td><td rowspan="2">4</td><td rowspan="2">课程式/基地培训</td></tr>
<tr><td>专业教学特点分析——专业教学内容和教材分析</td><td>N4-1-2</td></tr>
<tr><td rowspan="4">专业教学法 2</td><td>专业教学设计——教案设计</td><td>N4-2-1</td><td rowspan="4">12</td><td rowspan="4">课程式/基地培训</td></tr>
<tr><td>专业教学设计——授课计划制订</td><td>N4-2-2</td></tr>
<tr><td>专业教学设计——工作导向学习情景设计</td><td>N4-2-3</td></tr>
<tr><td>专业教学设计——教学过程评价</td><td>N4-2-4</td></tr>
<tr><td rowspan="3">专业教学法 3</td><td>专业课程开发——专业教学计划</td><td>N4-3-1</td><td rowspan="3">8</td><td rowspan="3">综合式/基地培训</td></tr>
<tr><td>专业课程开发——专业主干课程标准</td><td>N4-3-2</td></tr>
<tr><td>专业课程开发——学习领域课程开发</td><td>N4-3-3</td></tr>
<tr><td rowspan="6">专业教学法 4</td><td>行动导向教学法——案例教学法</td><td>N4-4-1</td><td rowspan="6">16</td><td rowspan="6">综合式/基地培训</td></tr>
<tr><td>行动导向教学法——项目教学法</td><td>N4-4-2</td></tr>
<tr><td>行动导向教学法——任务教学法</td><td>N4-4-3</td></tr>
<tr><td>行动导向教学法——角色扮演法</td><td>N4-4-4</td></tr>
<tr><td>行动导向教学法——模拟教学法</td><td>N4-4-5</td></tr>
<tr><td>行动导向教学法——引导文教学法</td><td>N4-4-6</td></tr>
<tr><td rowspan="2">专业教学法 5</td><td>教学技能——说课技能</td><td>N4-5-2</td><td rowspan="2">6</td><td rowspan="2">综合式/基地培训</td></tr>
<tr><td>教学技能——实践教学活动指导技能</td><td>N4-5-3</td></tr>
<tr><td rowspan="2">专业教学法 6</td><td>教学评价内容和方法</td><td>N4-6-2</td><td rowspan="2">4</td><td rowspan="2">课程式/基地培训</td></tr>
<tr><td>教学评价组织与实施</td><td>N4-6-3</td></tr>
<tr><td rowspan="2">专业教学法 7</td><td>教学研究与教学改革——课题（项目）立项与研究</td><td>N4-7-1</td><td rowspan="2">6</td><td rowspan="2">综合式/基地培训</td></tr>
<tr><td>教学研究与教学改革——教学研究论文的撰写</td><td>N4-7-2</td></tr>
<tr><td>专业教学法 8</td><td>专业建设——专业课程建设</td><td>N4-8-2</td><td>4</td><td>课程式/基地培训</td></tr>
<tr><td colspan="3">小　计</td><td colspan="2">76</td></tr>
</table>

（二）专业类方向模块

1. 方向模块之一（铁路行车组织与管理）

培训模块	培训内容	模块代码	培训时间（课时）	培训形式/方式
职业发展与劳动组织分析	车站值班员职业分析	N6-1-5	8	综合式/基地培训
	调车区长职业分析	N6-1-6		
行业典型岗位职业生产组织分析	铁道运输行业的生产组织分析	N6-2-1	2	课程式/基地培训
行业发展分析	铁道运输行业岗位技术发展分析(确定岗位技能点)	N6-3-2	2	课程式/基地培训
系列专业“四新”讲座	铁道运输新发展专题	N7-1	4	课程式/基地培训
	铁道运输行业“四新”应用介绍	N7-2	4	课程式/基地培训
系列专业核心课程(含技能)				
接发列车	正常情况接发列车	N8-1-1	8	综合式/基地培训
	接发特殊列车	N8-1-2		
	非正常情况接发列车	N8-1-3		
调车作业	车站作业计划的编制	N8-2-1	8	综合式/基地培训
	牵出线调车作业	N8-2-2		
	驼峰调车作业	N8-2-3		
车号及统计	确报及传输票据	N8-3-1	8	综合式/基地培训
	列车编组顺序表的编制	N8-3-2		
	现在车统计	N8-3-3		
	装卸车统计	N8-3-4		
	货车停留时间统计	N8-3-5		
运输调度	列车运行图的编制	N8-4-2	12	综合式/基地培训
	铁路运输技术计划及运输方案的编制	N8-4-3		
	调度日(班)计划的编制	N8-4-4		
	列车运行实际图的铺画	N8-4-5		
	常用调度命令用语及发布	N8-4-6		
	城市轨道交通行车组织	N8-4-7		
行车安全	行车事故处理	N8-5-1	4	综合式/基地培训
	事故救援组织	N8-5-2		
小　　计			60	
企业实践		M1-1		
铁路技术(编组)站实践	车站值班员岗位技能	M1-1-4	40	定岗/顶岗实习
	调车区长岗位技能	M1-1-5	40	
	信号员岗位技能	M1-1-6	40	
小　　计			120	

2. 方向模块之二(铁路客运组织与管理)

培训模块	培训内容	模块代码	培训时间（课时）	培训形式/方式
职业发展与劳动组织分析	铁路客运员职业分析	N6-1-7	8	课程式/基地培训
	铁路售票员职业分析	N6-1-11		
行业典型岗位职业生产组织分析	铁道运输行业的生产组织分析	N6-2-1	2	课程式/基地培训
行业发展分析	铁道运输行业岗位技术发展分析（确定岗位技能点）	N6-3-2	2	课程式/基地培训
系列专业“四新”讲座	铁道运输新发展专题	N7-1	4	课程式/基地培训
	铁道运输行业“四新”应用介绍	N7-2	4	课程式/基地培训
系列专业核心课程（含技能）				
车站客运	车站售票工作	N8-6-2	16	综合式/基地培训
	旅客流线的组织	N8-6-3		
	误购（售）、漏乘情况处理	N8-6-4		
	客运杂费的核收	N8-6-5		
	特定运价的计算	N8-6-6		
	城市轨道交通站务工作	N8-6-7		
列车客运	旅客列车乘务工作	N8-7-1	8	综合式/基地培训
	旅客运输阻碍的处理	N8-7-2		
	旅客运输事故的处理	N8-7-3		
行包运输	行包的托运和承运	N8-8-1	8	综合式/基地培训
	行包的运送和变更	N8-8-2		
	行包违章运输的处理	N8-8-3		
	行包专列运输组织	N8-8-4		
旅客运输计划	旅客运输日常计划的编制	N8-9-2	8	综合式/基地培训
	旅客运输技术计划的编制	N8-9-3		
	旅客列车时刻表的编制	N8-9-4		
	票额分配计划的编制	N8-9-5		
小　计			60	
企业实践		M1		
铁路客运车间（车站）实践	客运员岗位技能	M1-2-1	40	定岗/顶岗实习
	铁路售票员岗位技能	M1-2-3	40	
	行李值班员岗位技能	M1-2-4	40	
小　计			120	

3. 方向模块之三（铁路货运组织与管理）

培训模块	培训内容	模块代码	培训时间（课时）	培训形式/方式
职业发展与劳动组织分析	货运核算员职业分析	N6-1-8	8	综合式/基地培训
	货运值班员职业分析	N6-1-12		
行业典型岗位职业生产组织分析	铁道运输行业的生产组织分析	N6-2-1	2	课程式/基地培训

续上表

培训模块	培训内容	模块代码	培训时间（课时）	培训形式/方式
行业发展分析	分析铁道运输行业岗位技术发展（确定岗位技能点）	N6-3-2	2	课程式/基地培训
系列专业“四新”讲座	铁道运输新发展专题	N7-1	4	课程式/基地培训
	铁道运输行业“四新”应用介绍	N7-2	4	课程式/基地培训
系列专业核心课程（含技能）				
普通货物运输	货物运输基本作业	N8-10-1	18	综合式/基地培训
	货场布置及管理	N8-10-2		
	铁路货运计划的编制	N8-10-3		
	货物运输费用的计算	N8-10-4		
	运单货票的填制	N8-10-5		
	货运其他杂费的核收	N8-10-6		
	集装箱货物运输组织	N8-10-7		
	专用线（专用铁路）运输组织	N8-10-8		
特殊货物运输	货物装载加固方案的设计	N8-11-1	12	综合式/基地培训
	阔大货物的运输组织	N8-11-2		
	鲜活货物的运输组织	N8-11-3		
	危险货物的运输组织	N8-11-4		
	危险货物应急预案的编制	N8-11-5		
货运安全及检查	货运记录的编制	N8-12-1	4	综合式/基地培训
	货运事故速报的拍发	N8-12-2		
	货物运输检查	N8-12-3		
	货运事故处理	N8-12-4		
联合货物运输	国内货物多式联运的组织	N8-13-1	6	综合式/基地培训
	联合货物运输的变更	N8-13-2		
	联运事故赔偿处理	N8-13-3		
	国际联运货物运输组织	N8-13-4		
小　　计			60	
企业实践		M1		
铁路货运车间（车站）实践	铁路货运员岗位技能	M1-3-1	40	定岗/顶岗实习
	货运核算员岗位技能	M1-3-2	40	
	货运检查员岗位技能	M1-3-3	40	
小　　计			120	

附件 2 中等职业学校铁道运输管理专业教师能力培训模块代码表

代码	培训模块	内　　容	备注
N1	职业道德		
N1-1		示范职业道德	
N1-2		传授职业道德	
N2	职业教育学		
N2-1		职业教育基本概念	
N2-2		职业教育教学理念	
N2-3		职业教育教学模式	
N2-4		职业教育课程开发	
N3	现代教育技术应用		
N3-1		现代教学媒体和教学软件运用	
N3-2		网络教学资源的利用	
N3-3		教学课件与教学媒体资源开发	
N4	专业教学法		
N4-1	1 专业教学特点分析		
N4-1-1		专业现状分析	
N4-1-2		专业教学内容和教材分析	
N4-2	2 专业教学设计		
N4-2-1		教案设计	
N4-2-2		授课计划制订	
N4-2-3		工作导向学习情景设计	
N4-2-4		教学过程评价	
N4-3	3 专业课程开发		
N4-3-1		专业教学计划	
N4-3-2		专业主干课程标准	
N4-3-3		学习领域课程开发	
N4-4	4 行动导向教学法		
N4-4-1		案例教学法	
N4-4-2		项目教学法	
N4-4-3		任务教学法	
N4-4-4		角色扮演法	
N4-4-5		模拟教学法	
N4-4-6		引导课文教学法	
N4-4-7		四阶段教学法	
N4-4-8		思维导图教学法	
N4-4-9		头脑风暴法	

续上表

代码	培训模块	内　容	备注
N4-4-10		教学法的应用与创新	
N4-5	5 教学技能		
N4-5-1		教学基本技能	
N4-5-2		说课技能	
N4-5-3		实践教学指导技能	
N4-5-4		评课技能	
N4-6	6 教学评价		
N4-6-1		教学评价标准和基本模式	
N4-6-2		教学评价内容和评价方法	
N4-6-3		教学评价组织与实施	
N4-6-4		教学评价结果分析与反馈	
N4-7	7 教学研究与教学改革		
N4-7-1		课题(项目)立项与研究	
N4-7-2		教学研究论文的撰写	
N4-7-3		课题(项目)成果报告的撰写	
N4-8	8 专业建设		
N4-8-1		专业发展规划	
N4-8-2		专业课程建设	
N4-8-3		专业实训基地建设	
N5	职业教育心理学		
N5-1		学习者分析	
N5-2		学情分析	
N6	职业发展与劳动组织分析		
N6-1	铁道运输行业的典型职业(工种、岗位)劳动过程分析		
N6-1-1		助理值班员职业分析	行车
N6-1-2		信号员职业分析	行车
N6-1-3		客运员职业分析	客运
N6-1-4		货运员职业分析	货运
N6-1-5		车站值班员职业分析	行车
N6-1-6		调车区长职业分析	行车
N6-1-7		铁路售票员职业分析	客运
N6-1-8		货运核算员职业分析	货运
N6-1-9		车站调度员职业分析	行车
N6-1-10		列车调度员职业分析	行车
N6-1-11		客运值班员职业分析	客运
N6-1-12		货运值班员职业分析	货运
N6-2	铁道运输行业的典型岗位(工种)职业生产组织分析		

续上表

代码	培训模块	内　　容	备注
N6-2-1		铁道运输行业的生产组织分析	
N6-2-2		铁道运输行业的运输业务分析	
N6-3	铁道运输行业发展分析		
N6-3-1		铁道运输行业职业发展分析(确定职业群)	
N6-3-2		铁道运输行业岗位技术发展分析(确定岗位技能点)	
N7	系列专业“四新”讲座		
N7-1	铁道运输行业最新发展		
N7-1-1		铁路客运专线专题	
N7-1-2		城际铁路(地区铁路)专题	
N7-1-3		现代城市轨道交通专题	
N7-1-4		高速铁路与重载运输专题	
N7-2	铁道运输行业“四新”应用介绍	铁道运输新知识、新技术、新设备、新工艺应用情况介绍	
N7-3	新技术对职业(岗位能力)标准发展分析	铁路运输新技术对职业(岗位能力)标准发展分析	
N8	系列专业核心课程(含技能)		
N8-1	接发列车		
N8-1-1		正常情况下的接发列车	
N8-1-2		特殊列车的接发	
N8-1-3		非正常情况下的接发列车	
N8-1-4		CTC 分散自律式行车	
N8-1-5		自动报点与自动生成行车日志及无线列调系统	
N8-2	调车作业		
N8-2-1		车站作业计划的编制	
N8-2-2		牵出线调车作业	
N8-2-3		驼峰调车作业	
N8-2-4		制动作业	
N8-2-5		自动化驼峰作业	
N8-3	车号及统计		
N8-3-1		确报及票据管理	
N8-3-2		列车编组顺序表的编制	
N8-3-3		现在车统计	
N8-3-4		装卸车统计	
N8-3-5		货车停留时间统计	
N8-3-6		车号自动识别系统	
N8-4	运输调度		
N8-4-1		列车编组计划的编制	

续上表

代码	培训模块	内　容	备注
N8-4-2		列车运行图的编制	
N8-4-3		铁路运输技术计划及运输方案的编制	
N8-4-4		调度日(班)计划的编制	
N8-4-5		列车运行实际图的铺画	
N8-4-6		常用调度命令用语及发布	
N8-4-7		TDCS 和 TMIS	
N8-4-8		城市轨道交通行车组织	
N8-5	行车安全		
N8-5-1		行车事故处理	
N8-5-2		事故救援组织	
N8-6	车站客运		
N8-6-1		客运服务礼仪	
N8-6-2		车站售票工作	
N8-6-3		旅客流线的组织	
N8-6-4		误购(售)、漏乘情况的处理	
N8-6-5		客运杂费的核收	
N8-6-6		特定运价的计算	
N8-6-7		城市轨道交通站务工作	
N8-7	列车客运		
N8-7-1		旅客列车乘务工作	
N8-7-2		旅客运输阻碍的处理	
N8-7-3		旅客运输事故的处理	
N8-8	行包运输		
N8-8-1		行包的托运和承运	
N8-8-2		行包的运送和变更	
N8-8-3		行包违章运输的处理	
N8-8-4		行包专列运输组织	
N8-9	旅客运输计划		
N8-9-1		旅客运输客流计划的编制	
N8-9-2		旅客运输日常计划的编制	
N8-9-3		旅客运输技术计划的编制	
N8-9-4		旅客列车时刻表的编制	
N8-9-5		票额分配计划的编制	
N8-9-6		客流量预测(回归分析法)	
N8-10	普通货物运输		
N8-10-1		货物运输基本作业	
N8-10-2		货场布置及管理	
N8-10-3		铁路货运计划的编制	
N8-10-4		货物运输费用的计算	
N8-10-5		运单货票的填制	
N8-10-6		货运其他杂费的核收	

续上表

代码	培训模块	内　容	备注
N8-10-7		集装箱货物运输组织	
N8-10-8		专用线(专用铁路)运输组织	
N8-11	特殊货物运输		
N8-11-1		货物装载加固方案的设计	
N8-11-2		阔大货物的运输组织	
N8-11-3		鲜活货物的运输组织	
N8-11-4		危险货物的运输组织	
N8-11-5		危险货物应急预案的编制	
N8-12	货运安全及检查		
N8-12-1		货运记录的编制	
N8-12-2		货运事故速报的拍发	
N8-12-3		货物运输检查	
N8-12-4		货运事故处理	
N8-13	货物联合运输		
N8-13-1		国内货物多式联运的组织	
N8-13-2		联合货物运输的变更	
N8-13-3		联运事故赔偿处理	
N8-13-4		国际联运货物运输组织	
N8-13-5		国际联运货物运输管理	
N8-13-6		国际联运货物事故商务记录的编制	
M1	企业实践		
M1-1	铁路技术(编组)站实践		
M1-1-1		助理值班员岗位技能	
M1-1-2		连结员岗位技能	
M1-1-3		车号员岗位技能	
M1-1-4		车站值班员岗位技能	
M1-1-5		调车区长岗位技能	
M1-1-6		信号员岗位技能	
M1-1-7		车站调度员岗位技能	
M1-1-8		列车调度员岗位技能	
M1-2	铁路客运车间(车站)实践		
M1-2-1		客运员岗位技能	
M1-2-2		列车员岗位技能	
M1-2-3		铁路售票员岗位技能	
M1-2-4		行李值班员岗位技能	
M1-2-5		客运值班员岗位技能	
M1-3	铁路货运车间(车站)实践		
M1-3-1		货运员岗位技能	
M1-3-2		货运核算员岗位技能	
M1-3-3		货运检查员岗位技能	
M1-3-4		货运值班员岗位技能	

骨干层级教师培训方案

一、培 训 目 的

以《国务院关于大力发展职业教育的决定》(国发[2005]35 号)和《教育部财政部关于实施中等职业学校教师素质提高计划的意见》(教职成[2006]13 号)为指导,努力改善中等职业学校教学工作,显著提高骨干教师的业务能力、学术水平,努力建设一支高素质的教师队伍。通过培训,使接受培训的教师政治思想和职业道德水准、专业知识与专业技能、学术水平、教育教学能力和科研能力等方面的综合素质有显著提高,使之成为具有高素质、高水平,具有终身学习能力和教育创造能力,在教学实践中发挥示范作用的中等职业学校的“双师(能)型”专业骨干教师。

二、培 训 对 象

中等职业学校从事铁道运输管理专业教学工作的骨干教师或专业带头人,或具有中级及以上教师职称,近 5 年内未曾参加职业教育理论和教学法训练或未曾去铁道运输企业现场实践。

三、培 训 目 标

培训以中等职业学校铁道运输管理专业教师教学能力标准为依据,通过职业教育学、现代教育技术应用、职业教育心理学、专业教学法和铁道运输管理专业知识技能学习以及铁路运输企业实践,力求培养他们树立先进的职业教育理念,学会先进的教学方法,掌握现代教育技术,形成开展职业教育科学研究的能力。坚持贯彻“双师型”师资队伍建设目标,使参加骨干培训层级的专业教师原则上达到以下目标:

1. 热爱教育事业、自觉贯彻党的教育方针,充满创新精神和改革意识,求真务实,教书育人、为人师表。

2. 了解铁道运输管理专业的发展动向和最新成果,了解铁道运输组织管理的先进技术,具有较扎实的专业知识和较高的专业学术水平。

3. 建构全新的教育教学观念,了解中等职业教育和本专业教学理论与实践的最新成果;深刻把握职业教育本质特点,理解职教师资教学实践和职业工作实践的这种“双重”实践能力。

4. 有较强的专业教学和教育实践能力,能熟练运用工作分析方法,将岗位分析的结果归类重组并形成新的教学内容,系统地进行技术、工作以及职业教育过程的分析,组织与评价,能治学严谨、专业教学具有科学性和艺术性。

5. 了解中等职业学校教育科研动态,能独立主持高水平的中等职业教育本专业教育教学的研究,统筹总领课题项目研究、设计研究方案、控制研究过程、形成研究成果并推广实施。

6. 具有铁道运输管理专业新课程开发的能力，能在自己所在地区或学校的本专业教育教学改革和专业建设中发挥带头和示范作用。

7. 具有较强的专业技术动手能力，系统掌握铁道运输管理的从业技能和专业理论知识，具备向相关领域拓展的能力。

8. 达到铁道运输管理专业相关岗位的国家职业标准中高级别的操作技能。获得铁道运输管理专业相关岗位（国家职业标准高级工或技师）技能等级证书，能在自己所在的学校和地区参与中等职业学校本专业的认证培训活动。

四、培训内容

根据中等职业学校专业教师教学能力标准，培训内容分教育类和专业类，由一个公共平台模块和三个专业方向模块组成。教育类公共平台模块由职业道德、职业教育学、现代教育技术应用和职业教育心理学等模块构成；专业类方向模块包括专业平台模块、系列专业核心课程及技能模块和企业实践模块三部分，其中包含铁路行车组织与管理、铁路客运组织与管理、铁路货运组织与管理三个方向，根据培训对象的需要可以选择某个方向。同时，根据专业延拓需要增设城市考察调研轨道交通运营公司选修模块。

（一）培训模块

1. 教育类平台模块

模块名称	培训内容	培训课时	培训形式/方式
职业道德培训模块	●职业道德	自定	综合式/校本培训
职业教育学培训模块	●职业教育教学模式 ●职业教育课程开发	4	课程式/基地培训
现代教育技术应用培训模块	●网络教学资源的利用 ●教学课件与教学媒体资源开发	8	课程式/基地培训
职业教育心理学培训模块	●学习者分析 ●学情分析	4	研讨式/基地培训
专业教学法培训模块	●教学设计 ●专业课程开发 ●行动导向教学法 ●教学技能 ●教学评价 ●教学研究与教学改革 ●专业建设	64	研讨式/基地培训
小　　计		80	

2. 专业类方向模块

模块类别	模块名称	培训内容	培训课时	培训形式/方式
专业平台培训模块	职业发展与劳动组织分析培训模块	●铁道运输典型岗位职业分析 ●铁道运输行业的生产组织分析 ●铁道运输业务分析 ●铁道运输岗位技术发展分析	12	研讨式/基地培训
	系列专业“四新”讲座培训模块	●铁道运输新发展 ●铁道运输行业“四新”应用 ●铁路运输新技术对职业（岗位能力）标准发展分析	12	课程式/基地培训

续上表

<table>
<tr><th>模块类别</th><th>模块名称</th><th>培训内容</th><th>培训课时</th><th>培训形式/方式</th></tr>
<tr><td colspan="3">小　计</td><td colspan="2">24</td></tr>
<tr><td rowspan="13">系列专业核心课程(含技能)培训模块(可三选一)</td><td rowspan="5">方向1
铁路行车组织与管理</td><td>●接发列车</td><td rowspan="5">44</td><td rowspan="5">综合式/基地培训</td></tr>
<tr><td>●调车作业</td></tr>
<tr><td>●车号及统计</td></tr>
<tr><td>●运输调度</td></tr>
<tr><td>●行车安全</td></tr>
<tr><td rowspan="4">方向2
铁路客运组织与管理</td><td>●车站客运</td><td rowspan="4">44</td><td rowspan="4">综合式/基地培训</td></tr>
<tr><td>●列车客运</td></tr>
<tr><td>●行包运输</td></tr>
<tr><td>●旅客运输计划</td></tr>
<tr><td rowspan="4">方向3
铁路货运组织与管理</td><td>●普通货物运输</td><td rowspan="4">44</td><td rowspan="4">综合式/基地培训</td></tr>
<tr><td>●特殊货物运输</td></tr>
<tr><td>●货运安全及检查</td></tr>
<tr><td>●货物联合运输</td></tr>
<tr><td rowspan="9">企业实践方向模块(可三选一)</td><td rowspan="3">方向1
铁路技术(编组)站实践</td><td>●车站值班员岗位技能</td><td rowspan="3">120</td><td rowspan="9">定岗或顶岗实习/基地培训</td></tr>
<tr><td>●车站调度员岗位技能</td></tr>
<tr><td>●列车调度员岗位技能</td></tr>
<tr><td rowspan="3">方向2
铁路客运车间(车站)实践</td><td>●铁路售票员岗位技能</td><td rowspan="3">120</td></tr>
<tr><td>●行李值班员岗位技能</td></tr>
<tr><td>●客运值班员岗位技能</td></tr>
<tr><td rowspan="3">方向3
铁路货运车间(车站)实践</td><td>●货运核算员岗位技能</td><td rowspan="3">120</td></tr>
<tr><td>●货运检查员岗位技能</td></tr>
<tr><td>●货运值班员岗位技能</td></tr>
<tr><td>选修模块</td><td>*城市轨道交通运营公司(考察、调研)</td><td>●考察调研地铁公司</td><td>40</td><td>考察调研/基地培训</td></tr>
<tr><td colspan="2">合　计</td><td colspan="3">268+40(选修)</td></tr>
</table>

(二)培训时间

教育类公共平台培训模块80学时、专业类理论技能68学时、企业实践120学时,选修模块40学时,合计268+40学时(选择一个方向)。

五、培训要求

(一)教育类培训模块

通过教育类模块培训教学,使参加培训的专业教师能了解中等职业教育和本专业教学理论与实践的最新成果,提高职业教育理论水平;熟悉铁道运输新知识、新技术、新设备、新工艺应用情况,了解铁道运输行业的生产组织、运输业务管理和职业技术结构以及铁路运输行业"四新"的应用,以及对岗位职业能力的新要求。教学从分析铁道运输管理专业典型岗位劳动过程入手,以铁道运输管理专业核心课程、教学资源的设计与开发为主线,以如何设计与评价课程标准，如何设计与评价“任务引领”教学方案、如何开发与评价学习资源、如何开发教学实施环境和教学研究与实践为主要培训内容。运用先进的教学方法和手段，使专业教师熟悉本专业任务引领、实践导向课程开发技术、教学设计模式、行动导向教学方法和策略，具备在铁路行车组织与管理、铁路客运组织与管理、铁路货运组织与管理等核心课程的教学内容上熟练运用项目教学法、任务教学法、角色扮演法、模拟教学法等专业教学法实施专业教学技能，提升课程开发能力、教学研究和专业建设能力。

（二）专业能力模块

通过专业能力模块教学，进一步提高骨干教师铁路行车组织与管理、铁路客运组织与管理、铁路货运组织与管理三门专业核心课程的专业知识和接发列车、调车作业、车号及统计、调度指挥、车站客运、列车客运、普通货物运输、特殊货物运输、货运安全及货运检查、货物联合运输等项目教学能力。根据专业教师的教学能力标准，培训教学以“典型工作任务与教师专业能力”分析出发，设定培训目标；根据铁道运输管理专业相关的岗位工作任务设置培训学习领域，选择专业培训内容；以“工作过程”为导向，以仿真实验设备和具体案例为载体，创设学习情景，结合行动导向教学法，使培训对象在专业技能训练过程中进一步加深对专业知识、技能的把握，以提高培训对象对专业知识的驾驭和拓展的综合能力。

（三）企业实践模块

企业实践模块是为进一步提高专业教师铁路行车组织与管理、铁路客运组织与管理、铁路货运组织与管理岗位等职业技能而设置的。通过铁路运输企业实践，使受训教师熟悉铁路运输管理主要岗位的职业岗位工作任务，进一步熟悉这些岗位作业内容、作业方法、作业过程和作业标准，要求教师在企业培训师或技师的指导下跟班或顶岗实践，达到下列岗位之[illegible]，车站值班员、车站调度员、列车调度员、铁路售票员、行李值班员、客运值班员、货运核算员、货运检查员及货运值班员等岗位的国家职业标准要求的高级工或技师的技能水平。

（四）选修模块

通过对某大城市的城市轨道交通考察和调研，熟悉城市轨道交通运营组织管理，城市轨道交通的建设与运营等情况。

六、培训考核

（一）考核方式

培训考核根据骨干教师需求和培训目标进行。培训考核方式实行目标管理制，可以采用理论考核与技能考核相结合，单项考核与综合考核相结合，阶段评价与目标评价的评价相结合，教师评价与企业导师评价以及学员互评相结合等多种评价模式。

（二）考核内容

培训考核包含以下几部分：

1. 理论知识。
2. 专业实践技能。
3. 企业实践活动。
4. 教案与试讲。
5. 教学研究论文。
6. 专业建设发展。
7. 平时作业与出勤。

（三）考核标准

1. 完成一份教案并试讲。能运用所学教学理论和方法编写一份不少于4课时教案并试讲，做到重点突出、难易适中、条理清晰、表达流畅、符合规范。

2. 撰写一篇教学研究论文。教学研究论文不少于3 000字，内容充实，有较为独到的见解，具有一定的教学理论指导意义。

3. 撰写一份教改或科研项目计划书。立意新颖，内容充实，具有一定的创新性和实际价值。

4. 认真参加企业实践，完成铁路行车岗位或铁路客运岗位或铁路货运岗位相关技能考核。

5. 实践企业对实践情况和专业技能水平做出评定。

6. 培训机构对平时作业与出勤做出评定。

七、培训方法

培训采取“校本培训＋基地培训＋企业实践”的模式，培训教学针对职业教育教学特点，通过以基于工作过程选取培训内容，以先进的教学方法和现代化的手段以先进的教学方法开展培训，注意采用项目教学法、模拟教学法、案例教学法、角色扮演法、引导文教学法等比较适合铁道运输管理专业教学特点的现代教学方法在培训实施过程中的应用，并通过多媒体技术的应用、虚拟实验技术的引入、虚拟工作环境的建立，为职教师资的教学培训创设新的学习情景。以能力培养为本位，以“工作任务”为线索，发挥培训对象在培训活动中的主体作用，提高培训对象的综合能力，通过教学设计分析、模拟教学情境、交流研讨、专家讲座、企业实践和企业考察调研等培训环节，提高专业教师的教学能力与实际动手能力。

八、培训方案附件

附件1　中等职业学校铁道运输管理专业教师培训包
（骨干层级教师培训）

本培训包由一个公共平台模块和三个专业方向模块组成。

（一）教育类平台模块

培训模块	培训内容	模块代码	培训时间（课时）	培训形式/方式
职业道德	示范职业道德	N1-1	自定	校本培训
	传授职业道德	N1-2		
职业教育学	职业教育教学模式	N2-3	4	课程式/基地培训
	职业教育课程开发	N2-4		
现代教育技术应用	网络教学资源的利用	N3-2	8	课程式/基地培训
	教学课件与教学媒体资源开发	N3-3		
职业教育心理学	学习者分析	N5-1	4	课程式/基地培训
	学情分析	N5-2		

续上表

培训模块	培训内容	模块代码	培训时间（课时）	培训形式/方式
专业教学法1	专业教学特点分析——专业现状分析	N4-1-1	4	课程式/基地培训
	专业教学特点分析——专业教学内容和教材分析	N4-1-2		
专业教学法2	教学设计——工作导向学习情景设计	N4-2-3	4	课程式/基地培训
	教学设计——教学过程评价	N4-2-4		
专业教学法3	专业课程开发——专业教学计划	N4-3-1	8	课程式/基地培训
	专业课程开发——专业主干课程标准	N4-3-2		
	专业课程开发——学习领域课程开发	N4-3-3		
专业教学法4	行动导向教学法——项目教学法	N4-4-2	20	综合性/基地培训
	行动导向教学法——任务教学法	N4-4-3		
	行动导向教学法——角色扮演法	N4-4-4		
	行动导向教学法——模拟教学法	N4-4-5		
	行动导向教学法——引导文教学法	N4-4-6		
	行动导向教学法——思维导图教学法	N4-4-8		
	行动导向教学法——头脑风暴法	N4-4-9		
	行动导向教学法——教学法的应用与创新	N4-4-10		
专业教学法5	教学技能——说课技能	N4-5-2	8	综合性/基地培训
	教学技能——实践教学指导技能	N4-5-3		
	教学技能——评课技能	N4-5-4		
专业教学法6	教学评价内容和方法	N4-6-2	4	课程式/基地培训
	教学评价组织与实施	N4-6-3		
	教学评价结果分析与反馈	N4-6-4		
专业教学法7	教学研究与教学改革——课题（项目）立项与研究	N4-7-1	8	课程式/基地培训
	教学研究与教学改革——教学研究论文的撰写	N4-7-2		
	教学研究与教学改革——课题（项目）成果报告的撰写	N4-7-3		
专业教学法8	专业建设——专业发展规划	N4-8-1	8	课程式/基地培训
	专业建设——专业课程建设	N4-8-2		
	专业建设——专业实训基地建设	N4-8-3		
小　计			80	

（二）专业类方向模块

1. 方向模块之一（铁路行车组织与管理）

培训模块	培训内容	模块代码	培训时间（课时）	培训形式/方式
职业发展与劳动组织分析	车站调度员职业分析	N6-1-9	4	课程式/基地培训
	列车调度员职业分析	N6-1-10		

续上表

培训模块	培训内容	模块代码	培训时间（课时）	培训形式/方式
行业典型岗位职业生产组织分析	铁道运输行业的生产组织分析	N6-2-1	4	课程式/基地培训
	铁道运输行业的运输业务分析	N6-2-2		
行业发展分析	铁道运输行业职业发展分析（确定职业群）	N6-3-1	4	课程式/基地培训
	铁道运输行业岗位技术发展分析（确定岗位技能点）	N6-3-2		
系列专业“四新”讲座	铁道运输新发展专题	N7-1	4	课程式/基地培训
	铁道运输行业“四新”应用介绍	N7-2	4	
	铁路运输新技术对职业（岗位能力）标准发展分析	N7-3	4	
系列专业核心课程（含技能）				
接发列车	非正常情况接发列车	N8-1-5	8	综合性/基地培训
	CTC分散自律式行车	N8-1-6		
	自动报点与自动生成行车日志及无线列调系统	N8-1-7		
调车作业	车站作业计划的编制	N8-2-1	8	综合性/基地培训
	制动作业	N8-2-4		
	自动化驼峰作业	N8-2-5		
车号及统计	列车编组顺序表的编制	N8-3-1	8	综合性/基地培训
	现在车统计	N8-3-2		
	装卸车统计	N8-3-3		
	货车停留时间统计	N8-3-4		
	车号自动识别系统	N8-3-5		
运输调度	列车运行图的编制	N8-4-2	16	综合性/基地培训
	铁路运输技术计划及运输方案的编制	N8-4-3		
	调度日（班）计划的编制	N8-4-4		
	列车运行实际图的铺画	N8-4-5		
	常用调度命令用语及发布	N8-4-6		
	TDCS和TMIS	N8-4-7		
	城市轨道交通行车组织	N8-4-8		
行车安全	行车事故处理	N8-5-1	4	综合性/基地培训
	事故救援组织	N8-5-2		
小　计			68	
企业实践		M1-1		
铁路技术（编组）站实践	车站值班员岗位技能	M1-1-6	40	定岗/顶岗实习
	车站调度员岗位技能	M1-1-7	40	
	列车调度员岗位技能	M1-1-8	40	
小　计			120	

2. 方向模块之二(铁路客运组织与管理)

培训模块	培训内容	模块代码	培训时间(课时)	培训形式/方式
职业发展与劳动组织分析	铁路售票员职业分析	N6-1-7	4	课程式/基地培训
	客运值班员职业分析	N6-1-11		
行业典型岗位职业生产组织分析	铁道运输行业的生产组织分析	N6-2-1	4	课程式/基地培训
	铁道运输行业的运输业务分析	N6-2-2		
行业发展分析	铁道运输行业职业发展分析(确定职业群)	N6-3-1	4	课程式/基地培训
	铁道运输行业岗位技术发展分析(确定岗位技能点)	N6-3-2		
系列专业“四新”讲座	铁道运输新发展专题	N7-1	4	课程式/基地培训
	铁道运输行业“四新”应用介绍	N7-2	4	
	铁路运输新技术对职业(岗位能力)标准发展分析	N7-3	4	
系列专业核心课程(含技能)				
车站客运	车站售票工作	N8-6-2	16	综合性/基地培训
	误购(售)、漏乘情况的处理	N8-6-4		
	客运杂费的核收	N8-6-5		
	特定运价的计算	N8-6-6		
	城市轨道交通站务工作	N8-6-7		
列车客运	旅客列车乘务工作	N8-7-1	8	综合性/基地培训
	旅客运输阻碍的处理	N8-7-2		
	旅客运输事故的处理	N8-7-3		
行包运输	行包的托运和承运	N8-8-1	8	综合性/基地培训
	行包的运送和变更	N8-8-2		
	行包违章运输的处理	N8-8-3		
	行包专列运输组织	N8-8-4		
旅客运输计划	旅客运输技术计划的编制	N8-9-3	12	综合性/基地培训
	旅客列车时刻表的编制	N8-9-4		
	票额分配计划的编制	N8-9-5		
	客流量预测(回归分析法)	N8-9-6		
小　计			68	
企业实践		M1		
铁路客运车间(车站)实践	铁路售票员岗位技能	M1-2-4	40	定岗/顶岗实习
	行李值班员岗位技能	M1-2-5	40	
	客运值班员岗位技能	M1-2-6	40	
小　计			120	

3. 方向模块之三(铁路货运组织与管理)

培训模块	培训内容	模块代码	培训时间(课时)	培训形式/方式
职业发展与劳动组织分析	货运核算员职业分析	N6-1-8	4	课程式/基地培训
	货运值班员职业分析	N6-1-12		

续上表

培训模块	培训内容	模块代码	培训时间（课时）	培训形式/方式
行业典型岗位职业生产组织分析	铁道运输行业的生产组织分析	N6-2-1	4	课程式/基地培训
	铁道运输行业的运输业务分析	N6-2-2		
行业发展分析	铁道运输行业职业发展分析（确定职业群）	N6-3-1	4	课程式/基地培训
	铁道运输行业岗位技术发展分析（确定岗位技能点）	N6-3-2		
系列专业“四新”讲座	铁道运输新发展专题	N7-1	4	课程式/基地培训
	铁道运输行业“四新”应用介绍	N7-2	4	
	铁路运输新技术对职业（岗位能力）标准发展分析	N7-3	4	
系列专业核心课程（含技能）				
普通货物运输	货场布置及管理	N8-10-2	20	综合式/基地培训
	铁路货运计划的编制	N8-10-3		
	货运其他杂费的核收	N8-10-6		
	集装箱货物运输组织	N8-10-7		
	专用线（专用铁路）运输组织	N8-10-8		
特殊货物运输	货物装载加固方案的设计	N8-11-1	12	综合式/基地培训
	阔大货物的运输组织	N8-11-2		
	危险货物的运输组织	N8-11-4		
	危险货物应急预案的编制	N8-11-5		
货运安全及检查	货运事故速报的拍发	N8-12-2	4	综合式/基地培训
	货物运输检查	N8-12-3		
	货运事故处理	N8-12-4		
货物联合运输	联运货物运输的变更	N8-13-2	8	综合式/基地培训
	联运事故赔偿处理	N8-13-3		
	国际联运货物运输组织	N8-13-4		
	国际联运货物运输管理	N8-13-5		
	国际联运货物事故商务记录的编制	N8-13-6		
小　计			68	
企业实践		M1		
铁路货运车间（车站）实践	货运核算员岗位技能	M1-3-2	40	定岗/顶岗实习
	货运检查员岗位技能	M1-3-3	40	
	货运值班员岗位技能	M1-3-4	40	
小　计			120	

附件 2　中等职业学校铁道运输管理专业教师能力培训模块代码表

代码	培训模块	内　　容	备注
N1	职业道德		
N1-1		示范职业道德	

续上表

代码	培训模块	内　容	备注
N1-2		传授职业道德	
N2	职业教育学		
N2-1		职业教育基本概念	
N2-2		职业教育教学理念	
N2-3		职业教育教学模式	
N2-4		职业教育课程开发	
N3	现代教育技术应用		
N3-1		现代教学媒体和教学软件运用	
N3-2		网络教学资源的利用	
N3-3		教学课件与教学媒体资源开发	
N4	专业教学法		
N4-1	1 专业教学特点分析		
N4-1-1		专业现状分析	
N4-1-2		专业教学内容和教材分析	
N4-2	2 专业教学设计		
N4-2-1		教案设计	
N4-2-2		授课计划制订	
N4-2-3		工作导向学习情景设计	
N4-2-4		教学过程评价	
N4-3	3 专业课程开发		
N4-3-1		专业教学计划	
N4-3-2		专业主干课程标准	
N4-3-3		学习领域课程开发	
N4-4	4 行动导向教学法		
N4-4-1		案例教学法	
N4-4-2		项目教学法	
N4-4-3		任务教学法	
N4-4-4		角色扮演法	
N4-4-5		模拟教学法	
N4-4-6		引导课文教学法	
N4-4-7		四阶段教学法	
N4-4-8		思维导图教学法	
N4-4-9		头脑风暴法	
N4-4-10		教学法的应用与创新	
N4-5	5 教学技能		
N4-5-1		教学基本技能	
N4-5-2		说课技能	
N4-5-3		实践教学指导技能	
N4-5-4		评课技能	

续上表

代码	培训模块	内　　容	备注
N4-6	6 教学评价		
N4-6-1		教学评价标准和基本模式	
N4-6-2		教学评价内容和评价方法	
N4-6-3		教学评价组织与实施	
N4-6-4		教学评价结果分析与反馈	
N4-7	7 教学研究与教学改革		
N4-7-1		课题(项目)立项与研究	
N4-7-2		教学研究论文的撰写	
N4-7-3		课题(项目)成果报告的撰写	
N4-8	8 专业建设		
N4-8-1		专业发展规划	
N4-8-2		专业课程建设	
N4-8-3		专业实训基地建设	
N5	职业教育心理学		
N5-1		学习者分析	
N5-2		学情分析	
N6	职业发展与劳动组织分析		
N6-1	铁道运输行业的典型职业(工种、岗位)劳动过程分析		
N6-1-1		助理值班员职业分析	行车
N6-1-2		信号员职业分析	行车
N6-1-3		客运员职业分析	客运
N6-1-4		货运员职业分析	货运
N6-1-5		车站值班员职业分析	行车
N6-1-6		调车区长职业分析	行车
N6-1-7		铁路售票员职业分析	客运
N6-1-8		货运核算员职业分析	货运
N6-1-9		车站调度员职业分析	行车
N6-1-10		列车调度员职业分析	行车
N6-1-11		客运值班员职业分析	客运
N6-1-12		货运值班员职业分析	货运
N6-2	铁道运输行业的典型岗位(工种)职业生产组织分析		
N6-2-1		铁道运输行业的生产组织分析	
N6-2-2		铁道运输行业的运输业务分析	
N6-3	铁道运输行业发展分析		
N6-3-1		铁道运输行业职业发展分析(确定职业群)	
N6-3-2		铁道运输行业岗位技术发展分析(确定岗位技能点)	

续上表

代码	培训模块	内　　容	备注
N7	系列专业“四新”讲座		
N7-1	铁道运输行业最新发展		
N7-1-1		铁路客运专线专题	
N7-1-2		城际铁路(地区铁路)专题	
N7-1-3		现代城市轨道交通专题	
N7-1-4		高速铁路与重载运输专题	
N7-2	铁道运输行业“四新”应用介绍	铁道运输新知识、新技术、新设备、新工艺应用情况介绍	
N7-3	新技术对职业(岗位能力)标准发展分析	铁路运输新技术对职业(岗位能力)标准发展分析	
N8	系列专业核心课程(含技能)		
N8-1	接发列车		
N8-1-1		正常情况下的接发列车	
N8-1-2		特殊列车的接发	
N8-1-3		非正常情况下的接发列车	
N8-1-4		CTC 分散自律式行车	
N8-1-5		自动报点与自动生成行车日志及无线列调系统	
N8-2	调车作业		
N8-2-1		车站作业计划的编制	
N8-2-2		牵出线调车作业	
N8-2-3		驼峰调车作业	
N8-2-4		制动作业	
N8-2-5		自动化驼峰作业	
N8-3	车号及统计		
N8-3-1		确报及票据管理	
N8-3-2		列车编组顺序表的编制	
N8-3-3		现在车统计	
N8-3-4		装卸车统计	
N8-3-5		货车停留时间统计	
N8-3-6		车号自动识别系统	
N8-4	运输调度		
N8-4-1		列车编组计划的编制	
N8-4-2		列车运行图的编制	
N8-4-3		铁路运输技术计划及运输方案的编制	
N8-4-4		调度日(班)计划的编制	
N8-4-5		列车运行实际图的铺画	
N8-4-6		常用调度命令用语及发布	
N8-4-7		TDCS 和 TMIS	

续上表

代码	培训模块	内　容	备注
N8-4-8		城市轨道交通行车组织	
N8-5	行车安全		
N8-5-1		行车事故处理	
N8-5-2		事故救援组织	
N8-6	车站客运		
N8-6-1		客运服务礼仪	
N8-6-2		车站售票工作	
N8-6-3		旅客流线的组织	
N8-6-4		误购(售)、漏乘情况的处理	
N8-6-5		客运杂费的核收	
N8-6-6		特定运价的计算	
N8-6-7		城市轨道交通站务工作	
N8-7	列车客运		
N8-7-1		旅客列车乘务工作	
N8-7-2		旅客运输阻碍的处理	
N8-7-3		旅客运输事故的处理	
N8-8	行包运输		
N8-8-1		行包的托运和承运	
N8-8-2		行包的运送和变更	
N8-8-3		行包违章运输的处理	
N8-8-4		行包专列运输组织	
N8-9	旅客运输计划		
N8-9-1		旅客运输客流计划的编制	
N8-9-2		旅客运输日常计划的编制	
N8-9-3		旅客运输技术计划的编制	
N8-9-4		旅客列车时刻表的编制	
N8-9-5		票额分配计划的编制	
N8-9-6		客流量预测(回归分析法)	
N8-10	普通货物运输		
N8-10-1		货物运输基本作业	
N8-10-2		货场布置及管理	
N8-10-3		铁路货运计划的编制	
N8-10-4		货物运输费用的计算	
N8-10-5		运单、货票的填制和审核	
N8-10-6		货运其他杂费的核收	
N8-10-7		集装箱货物运输组织	
N8-10-8		专用线(专用铁路)运输组织	
N8-11	特殊货物运输		

续上表

代码	培训模块	内　容	备注
N8-11-1		货物装载加固方案的设计	
N8-11-2		阔大货物的运输组织	
N8-11-3		鲜活货物的运输组织	
N8-11-4		危险货物的运输组织	
N8-11-5		危险货物应急预案的编制	
N8-12	货运安全及检查		
N8-12-1		货运记录的编制	
N8-12-2		货运事故速报的拍发	
N8-12-3		货物运输检查	
N8-12-4		货运事故处理	
N8-13	货物联合运输		
N8-13-1		国内货物多式联运的组织	
N8-13-2		联合货物运输的变更	
N8-13-3		联运事故赔偿处理	
N8-13-4		国际联运货物运输组织	
N8-13-5		国际联运货物运输管理	
N8-13-6		国际联运货物事故商务记录的编制	
M1	企业实践		
M1-1	铁路技术(编组)站实践		
M1-1-1		助理值班员岗位技能	
M1-1-2		连结员岗位技能	
M1-1-3		车号员岗位技能	
M1-1-4		车站值班员岗位技能	
M1-1-5		调车区长岗位技能	
M1-1-6		信号员岗位技能	
M1-1-7		车站调度员岗位技能	
M1-1-8		列车调度员岗位技能	
M1-2	铁路客运车间(车站)实践		
M1-2-1		客运员岗位技能	
M1-2-2		列车员岗位技能	
M1-2-3		铁路售票员岗位技能	
M1-2-4		行李员岗位技能	
M1-2-5		客运值班员岗位技能	
M1-3	铁路货运车间(车站)实践		
M1-3-1		货运员岗位技能	
M1-3-2		货运核算员岗位技能	
M1-3-3		货运检查员岗位技能	
M1-3-4		货运值班员岗位技能	

中等职业学校铁道运输管理专业教师培训质量评价指标体系

执　笔：吴　晓（浙江师范大学）

主要研发人员：王　虹（南京铁道职业技术学院）

吴金洪（浙江师范大学）

周　平（南京铁道职业技术学院）

王瑞萍（浙江师范大学）

韦　强（浙江师范大学）

邱　欣（浙江师范大学）

本部分包括培训质量评价指标体系有关说明、培训质量评价指标体系一览、培训质量评价表三部分，由培训方案、培训条件、培训管理、培训效果四个一级指标及所包含的二级指标构成。

一、培训质量评价指标体系有关说明

1. 本质量评价指标体系依据《教育部财政部关于实施中等职业学校教师素质提高计划的意见》(教职成〔2006〕13号)文件精神,参照教育部"中等职业学校专业教师培训质量评价指标体系"指导框架制定。

2. 中等职业学校专业教师培训质量评价是对每次专业教师培训项目的培训质量进行的评价。它不单纯是对培训机构、培训内容或培训教师的评价,是一个以培训质量为中心的综合性评价。

3. 依据对专业教师培训质量的主要影响因素,评价指标体系由四部分组成:培训方案、培训条件、培训管理、培训效果四个一级指标及其所包含的二级指标构成,每个二级评价指标由评价重点内容、评价标准、评分等级、权重、得分构成。

4. 每个指标的评价等级按照优劣顺序分A、B、C、D四个级别,评价标准只列出A、C两个等级的标准,介于A、C之间的为B级,低于C级的为D等级。

二、培训质量评价指标体系及权重一览表

1 培训方案(0.25)	2 培训条件(0.25)	3 培训管理(0.20)	4 培训效果(0.30)
1.1 培训需求调研(0.03)	2.1 专业师资(0.05)	3.1 管理机制(0.03)	4.1 学员满意度(0.05)
1.2 培训目标定位(0.05)	2.2 兼职师资(0.03)	3.2 基本情况(0.03)	4.2 选送单位满意度(0.05)
1.3 培训模式和方法(0.03)	2.3 校内教学设施(0.04)	3.3 管理队伍(0.03)	4.3 学员培训(资格)考核合格率(0.05)
1.4 培训教学内容(0.04)	2.4 实习实训条件(0.04)	3.4 管理制度(0.03)	4.4 学员技能等级(证书)考核通过率(0.05)
1.5 培训教学组织(0.03)	2.5 校外实习实训基地(0.03)	3.5 档案管理(0.02)	4.5 培训学员教科研论文(0.02)
1.6 企业培训实践(0.02)	2.6 专业资料(0.02)	3.6 质量监控(0.03)	4.6 培训学员成果及获奖情况(0.02)
1.7 教学评价(0.02)	2.7 后勤保障(0.04)	3.7 经费使用(0.03)	4.7 专业特色与创新性(0.03)
1.8 培训考核(0.03)			4.8 区域优势与影响力(0.03)

三、培训质量评价表

表1 铁道运输管理专业教师上岗(提高、骨干)层级培训质量评价表

一级指标评价	二级指标	重点内容	评价标准		评价方法	评价等级	权重	得分
			A	C				
1 培训方案(0.25)	1.1 培训需求调研	调研成果、成果应用	有详细的调研报告,调研结论充分利用	对培训内容征求学员意见并采用	查资料,开座谈会		0.03	
	1.2 培训目标定位	与教师专业能力标准和培训方案联系	培训目标定位准确,与教师专业能力标准和培训方案联系密切,适应中职学校铁道运输管理专业教师培训目标,与专业教师实际情况相符,有利于专业教师培训方案的实施	基本能按教师专业能力标准和培训方案制订专业教师培训方案,培训目标与专业教师实际情况基本相符	对照能力标准,查看培训实施方案		0.05	

续上表

一级指标评价	二级指标	重点内容	评价标准 A	评价标准 C	评价方法	评价等级	权重	得分
1 培训方案(0.25)	1.3 培训模式和方法	培训模式和方法的先进性和实用性	培训模式体现现代职业理念,具有的先进性,积极改革教学方法,教学方法形式新颖,注重行动导向教学法在培训教学中的应用,将专业教学法与相关教学实践活动有机结合	注意改革传统的培训教学方法与手段,能运用先进的教学方法开展培训,能将专业教学法与相关教学实践活动结合	查看教案和教学案例及媒体使用记录		0.03	
	1.4 培训教学内容	课程设置合理性、培训内容与培训目标的吻合度	课程设置合理,教学内容充实,能反映铁道运输行业的"四新"情况,对专业建设有指导作用,理论与实践有机结合,充分体现专业教师的能力目标	课程设置基本合理,教学内容能反映铁道运输行业的"四新"情况	查看培训实施方案课程设置		0.04	
	1.5 培训教学组织	培训教学组织	培训教学组织形式多样,以铁道运输专业教师职业活动为主线,以典型职业活动的工作过程为基础,以情境教学为支撑,注重培养学员综合能力	教学组织能实施项目课程教学,符合铁道运输专业教师的实际情况和培训要求	实地察看、听课观摩		0.03	
	1.6 企业培训实践	专业能力实践培养	企业实践以专业能力为本位,学员在企业培训师或技师的指导下在铁路技术站、铁路客货站、跟班或顶岗实践,熟悉铁道运输相关岗位作业内容、作业方法、作业过程和作业标准,达到相应的实践技能水平	企业实践以专业能力为本位,学员在企业兼职教师指导下基本掌握铁道运输相关岗位作业内容、作业方法、作业过程和作业标准,达到相应的实践技能水平	查看培训实施方案和相关记录		0.02	
	1.7 教学评价	教学评价方法与手段	教学评价方法科学、手段新颖,有过程评价与结果评价结合,阶段评价与目标评价结合,开放性评价与封闭性评价结合,教师评价与企业导师评价结合,评价结果客观公正,质量高	教学评价方法较科学,评价结果比较客观公正,质量较高	查看培训实施方案和相关记录		0.02	
	1.8 培训考核	考核内容与方法的科学性	培训考核综合化,考核标准科学,推行双证书制,由教育培训机构颁发国家(教育部)统一的专业教师合格证书,同时要求通过参加国家职业技能鉴定合格考试,取得铁道运输管理专业相关职业资格证书	培训考核形式一般,标准基本能实行符合证书制,鼓励学员取得相关职业资格证书	查看培训考核标准和相关资料		0.03	
2 培训条件(0.25)	2.1 专业师资	专业专任教师年龄、学历、职称结构双师情况	师资队伍年龄、学历、职称结构合理,既有教授型又有教练型,具有高级职称教师人数≥60%;专业课教师中"双师型"教师人数≥40%;数量满足培训教学要求,实践能力强,教学水平高	师资队伍年龄、学历、职称结构较合理,既有教授型又有教练型具有高级职称教师人数≥50%;专业课教师中"双师型"教师人数≥30%,数量基本满足培训教学要求,实践能力较强	查学历、职称结构和双师型证书		0.05	

续上表

一级指标评价	二级指标	重点内容	评价标准 A	评价标准 C	评价方法	评价等级	权重	得分
2 培训条件（0.25）	2.2 兼职师资	兼职教师队伍素质与数量情况	有一支素质高、数量足的兼职教师队伍，既有企事业单位现职高级专家学者和大学教授，又有企业专业技术人员，兼职的主讲教师高级职称教师比例≥80%；实践教学环节指导兼职教师企业培训师和铁道运输专业技师比例≥80%	聘有一支兼职教师队伍，既有企事业单位现职高级专家学者和大学教授，又有企业专业技术人员，兼职的主讲教师高级职称教师比例≥60%；实践教学环节指导兼职教师企业培训师和技师比例≥60%	查兼职教师协议和兼课情况		0.03	
	2.3 校内教学设施	铁道运输专业教室、模拟大沙盘、实验室等情况	设有专业理实一体化教室和课程实验教室；有铁道运输仿真实验室和运输行车模拟大沙盘等实训场所；能满足培训教学与实践所需；实训场所采用开放式管理，效果好	设有多媒体技术应用教室和项目课程实验教室；有铁道运输仿真实验室，基本能满足培训教学实践所需；实训场所采用开放式管理	实地察看并查看相关记录		0.04	
	2.4 实习实训条件	专业教学和实习实训设备情况	专业教学和实习实训设备能满足，铁道运输专业教学和实习实训设备先进，配置齐全。学员实践项目开出率≥95%	专业教学和实习实训设备基本能满足，铁道运输专业教学和实习实训设备具有一定的先进性。学员实践项目开出率≥90%	实地察看并查看相关记录		0.04	
	2.5 校外实习实训基地	铁路运输企业实习协议或挂牌情况	培训机构在铁路部门建有稳定的铁道运输管理专业实习基地（签有协议或挂牌），培训学员铁路运输企业实习对口率100%，工位量足，使用情况良好	培训机构在铁路部门建有铁道运输专业实习基地，培训学员铁路运输企业实习对口率90%，使用情况较好	协议或挂牌相关资料		0.03	
	2.6 专业资料	学员所需专业图书资料情况	培训机构内图书馆和资料室本专业图书资料丰富，方便学员借阅，能满足学员所需	机构内图书馆和资料室有本专业图书资料，方便学员借阅，能基本满足学员所需	查专业图书资料		0.02	
	2.7 后勤保障	学员生活条件	培训机构内设有为学员提供住宿的单间和标间，餐饮有卫生良好餐厅，学员出行方便，服务条件好，价格经济合理。 其中，住宿、餐饮方面，同时提供培训专用400人；交通方面，校有交通专车服务，交通方便通畅	培训机构内设有为学员提供生活必需的住宿、餐饮、交通等服务条件，价格经济合理。 其中，住宿、餐饮方面，同时提供培训专用200人；交通方面，交通较方便通畅	实地察看与相关资料		0.04	
3 培训管理（0.20）	3.1 管理机制	培训管理情况	管理机构健全，培训机构负责人由校（院）级领导担任。校内有铁道运输管理相关专业办学基础和经历。铁道运输管理专业教师培训条件具备	管理机构较健全，培训机构负责人由校（院）级领导担任。校内铁道运输管理相关专业办学基础。专业教师培训条件基本具备	查相关资料		0.03	
	3.2 基本情况	近三年培训情况	近三年培训任务完成情况好：计划完成95%以上，培训规格符合要求	近三年培训任务完成情况较好，计划完成≥85%以上，培训规格符合要求	查培训档案		0.03	

续上表

一级指标评价	二级指标	重点内容	评价标准 A	评价标准 C	评价方法	评价等级	权重	得分
3 培训管理(0.20)	3.3 管理队伍	培训管理队伍结构与素质	有一支配置合理和稳定的培训管理队伍,专业化、素质高、服务意识强(学历结构数量)	有较合理和稳定的培训管理队伍,素质较高	查相关资料		0.03	
	3.4 管理制度	管理制度及执行情况	严格执行教育部相关培训规定,有结合铁道运输管理专业教师培训的制度,管理制度齐全规范,执行情况好	能执行教育部相关培训规定,管理制度齐全执行尚好	查管理制度及执行情况		0.03	
	3.5 档案管理	培训档案管理情况	培训档案齐全,管理规范	培训档案基本齐全,管理较规范	查相关资料		0.02	
	3.6 质量监控	培训方案执行和培训质量管理	能严格培训方案,建有培训质量保证体系,培训质量监控体系科学、完善,运行有效,成效显著	基本能执行培训方案,培训质量监控体系初步形成,执行情况较好	查相关资料		0.03	
	3.7 经费使用	培训经费使用	培训经费落实到位,使用合理	培训经费使用较合理	查相关资料		0.03	
4 培训效果(0.30)	4.1 学员满意度	学员对培训机构及教学的满意度	学员对培训机构的满意和较满意率≥90%; 学员对教师的满意和较满意率≥90%	学员对培训机构的满意和较满意率≥70%; 学员对教师的满意和较满意率≥70%	问卷及网评结合		0.05	
	4.2 选送单位满意度	学员选送所在单位(学校)满意度	对培训机构培训教学内容的满意和较满意率≥90%;对学员能力和水平提高的满意和较满意率≥90%(由中职学校提供有关反馈和调查,综合评价高)	对培训机构培训教学内容的满意和较满意率≥70%;对学员能力和水平提高的满意和较满意率≥70%(由中职学校提供有关反馈和调查,基本达到培训目标)	问卷及网评结合		0.05	
	4.3 学员培训(资格)考核合格率	培训证书考试合格率	学员教学法教育理论和专业理论等培训证书考试合格率100%	学员教学法教育理论和专业理论等培训证书考试合格率95%	近三年培训证书考试合格率		0.05	
	4.4 学员技能等级(证书)考核通过率	铁道运输管理专业相关的技能证书取得情况	铁道运输管理专业相关的技能等级(证书)考核通过率100%。其中,骨干培训达到车站调度员或列车调度员等岗位技能或达到客运值班员等岗位技能或达到客运值班员等岗位技能;提高培训达到车站值班员或调车区长等岗位技能或达到铁路售票员等岗位技能或达到客运核算员等岗位技能;上岗培训达到助理值班员或信号员等岗位技能或达到客运员要求的技能达到货运员等岗位技能;上岗培训获中级工证书率100%;提高培训获中级100%、高级证书率40%;骨干培训获技能中级证书率100%、高级证书率80%	学员技能等级(证书)考核通过率90%。其中,骨干培训达到车站调度员或列车调度员等岗位技能或达到客运值班员等岗位技能或达到客运值班员等岗位技能;提高培训达到车站值班员或调车区长等岗位技能或达到铁路售票员等岗位技能或达到客运核算员等岗位技能;上岗培训达到助理值班员或信号员等岗位技能或达到客运员要求的技能达到货运员等岗位技能;上岗培训获中级工证书率90%;提高培训获中级90%、高级证书率20%;骨干培训获中级证书率100%、高级证书率40%	近三年培训技能证书取得率		0.05	

续上表

一级指标评价	二级指标	重点内容	评价标准 A	评价标准 C	评价方法	评价等级	权重	得分
4 培训效果（0.30）	4.5 培训学员教科研论文	受训学员发表论文数	近三年，受训学员发表论文数占学员总数之比≥30%	近三年，受训学员中有论文发表	近三年受训学员发表论文数		0.02	
	4.6 培训学员成果及获奖情况	受训学员教学项目成果情况	近三年，受训学员获省（部）级及以上教学成果奖≥1项；主持省级以上教学研究项目≥1项，并取得明显成效	近三年，受训学员获校级成果奖≥4项；主持校级或参加省级教学研究项目并在实践中取得一定成效	近三年情况		0.02	
	4.7 专业特色与创新性	专业特色与创新性	对铁道运输管理专业教师培训和优化师资培训工作过程及提高培训教学质量作用大，效果显著，具有鲜明的专业特色与创新性	对铁道运输管理专业教师培训和优化师资培训工作过程及提高培训教学质量有一定的作用和特色	特色项目总结等		0.03	
	4.8 区域优势与影响力	专业的区域优势	专业具有明显区域优势，有铁道运输管理专业特有的、在社会上有一定影响、得到公认的项目	专业区域具有一定的优势	媒体宣传报道和举办活动情况		0.03	
合计							1.00	

表 2 铁道运输管理专业教师培训质量等级评价用表

一级指标	二级指标	指标内涵评价标准 A	指标内涵评价标准 C	等级 A	等级 B	等级 C	等级 D	自评分	专家评分
1 培训方案（25分）	1.1 培训需求调研	有详细的调研报告，调研结论充分利用	对培训内容征求学员意见并采用	3	2.5	2	1.5		
	1.2 培训目标定位	培训目标定位准确，与教师专业能力标准和培训方案联系密切，适应中职学校铁道运输管理专业教师培训目标，与专业教师实际情况相符，有利于专业教师培训方案的实施	基本能按教师专业能力标准和培训方案制订专业教师培训方案，培训目标与专业教师实际情况基本相符	5	4	3	2		
	1.3 培训模式和方法	培训模式体现现代职业理念，具有的先进性，积极改革教学方法，教学方法形式新颖，注重行动导向教学法在本专业培训教学中的应用，将专业教学法与相关教学实践活动有机结合	注意改革传统的培训教学方法与手段，能运用先进的教学方法开展培训，能将专业教学法与相关教学实践活动结合	3	2.5	2	1.5		
	1.4 培训教学内容	课程设置合理，教学内容充实，能反映铁道运输行业的“四新”情况，对专业建设有指导作用，理论与实践有机结合，充分体现专业教师的能力目标	课程设置基本合理，教学内容能反映铁道运输行业的“四新”情况	4	3	2	1		

续上表

一级指标	二级指标	指标内涵评价标准		等级				自评分	专家评分
		A	C	A	B	C	D		
1 培训方案（25分）	1.5 培训教学组织	培训教学组织形式多样，以铁道运输专业教师职业活动为主线，以典型职业活动的工作过程为基础，以情境教学为支撑，注重培养学员综合能力	教学组织能实施项目课程教学，符合铁道运输专业教师的实际情况和培训要求	3	2.5	2	1.5		
	1.6 企业培训实践	企业实践以专业能力为本位，学员在企业培训师或技师的指导下在铁路技术站、铁路客货站、跟班或顶岗实践，熟悉铁道运输相关岗位作业内容、作业方法、作业过程和作业标准，达到相应的实践技能水平。	企业实践以专业能力为本位，学员在企业兼职教师指导下基本掌握铁道运输相关岗位作业内容、作业方法、作业过程和作业标准，达到相应的实践技能水平	2	1.5	1	0.5		
	1.7 教学评价	教学评价方法科学、手段新颖，有过程评价与结果评价结合，阶段评价与目标评价结合，开放性评价与封闭性评价结合，教师评价与企业导师评价结合，评价结果客观公正，质量高	教学评价方法较科学，评价结果比较客观公正，质量较高	2	1.5	1	0.5		
	1.8 培训考核	培训考核综合化，考核标准科学，推行双证书制，由教育培训机构颁发国家（教育部）统一的专业教师合格证书，同时要求通过参加国家职业技能鉴定合格考试，取得铁道运输管理专业相关职业资格证书	培训考核形式一般，标准基本能实行符合证书制，鼓励学员取得相关职业资格证书	3	2.5	2	1.5		
2 培训条件（25分）	2.1 专业师资	师资队伍年龄、学历、职称结构合理，既有教授型又有教练型，具有高级职称教师人数≥60%；专业课教师中“双师型”教师人数≥40%；数量满足培训教学要求，实践能力强，教学水平高	师资队伍年龄、学历、职称结构较合理，既有教授型又有教练型具有高级职称教师人数≥50%；专业课教师中“双师型”教师人数≥30%，数量基本满足培训教学要求，实践能力较强	5	4	3	2		
	2.2 兼职师资	有一支素质高、数量足的兼职教师队伍，既有企事业单位现职高级专家学者和大学教授，又有企业专业技术人员，兼职的主讲教师高级职称教师比例≥80%；实践教学环节指导兼职教师企业培训师和铁道运输专业技师比例≥80%	聘有一支兼职教师队伍，既有企事业单位现职高级专家学者和大学教授，又有企业专业技术人员，兼职的主讲教师高级职称教师比例≥60%；实践教学环节指导兼职教师企业培训师和技师比例≥60%	3	2.5	2	1.5		
	2.3 校内教学设施	设有专业理实一体化教室和课程实验教室；有铁道运输仿真实验室和运输行车模拟大沙盘等实训场所；能满足培训教学与实践所需；实训场所采用开放式管理，效果好	设有多媒体技术应用教室和项目课程实验教室；有铁道运输仿真实验室，基本能满足培训教学实践所需；实训场所采用开放式管理	4	3	2	1		

续上表

一级指标	二级指标	指标内涵评价标准		等级				自评分	专家评分
		A	C	A	B	C	D		
2 培训条件（25分）	2.4 实习实训条件	专业教学和实习实训设备能满足，铁道运输专业教学和实习实训设备先进，配置齐全。学员实践项目开出率≥95%	专业教学和实习实训设备基本能满足，铁道运输专业教学和实习实训设备具有一定的先进性。学员实践项目开出率≥90%	4	3	2	1		
	2.5 校外实习实训基地	培训机构在铁路部门建有稳定的铁道运输管理专业实习基地（签有协议或挂牌），培训学员铁路运输企业实习对口率100%，工位量足，使用情况良好	培训机构在铁路部门建有铁道运输专业实习基地，培训学员铁路运输企业实习对口率90%，使用情况较好	3	2.5	2	1.5		
	2.6 专业资料	培训机构内图书馆和资料室本专业图书资料丰富，方便学员借阅，能满足学员所需	机构内图书馆和资料室有本专业图书资料，方便学员借阅，能基本满足学员所需	2	1.5	1	0.5		
	2.7 后勤保障	培训机构内设有为学员提供住宿的单间和标间，餐饮有卫生良好餐厅，学员出行方便，服务条件好，价格经济合理。其中，住宿、餐饮方面，同时提供培训专用400人；交通方面，校有交通专车服务，交通方便通畅	培训机构内设有为学员提供生活必需的住宿、餐饮、交通等服务条件，价格经济合理。其中，住宿、餐饮方面，同时提供培训专用[illegible]人，交通方面，交通较方便通畅	4	3	2	1		
3 培训管理（20分）	3.1 管理机制	管理机构健全，培训机构负责人由校（院）级领导担任。校内有铁道运输管理相关专业办学基础和经历。铁道运输管理专业教师培训条件具备	管理机构较健全，培训机构负责人由校（院）级领导担任。校内铁道运输管理相关专业办学基础。专业教师培训条件基本具备	3	2.5	2	1.5		
	3.2 基本情况	近三年培训任务完成情况好：计划完成95%以上，培训规格符合要求	近三年培训任务完成情况较好，计划完成≥85%，培训规格符合要求	3	2.5	2	1.5		
	3.3 管理队伍	有一支配置合理和稳定的培训管理队伍，专业化、素质高、服务意识强（学历结构数量）	有较合理和稳定的培训管理队伍，素质较高	3	2.5	2	1.5		
	3.4 管理制度	严格执行教育部相关培训规定，有结合铁道运输管理专业教师培训的制度，管理制度齐全规范，执行情况好	能执行教育部相关培训规定，管理制度齐全执行尚好	3	2.5	2	1.5		
	3.5 档案管理	培训档案齐全，管理规范	培训档案基本齐全，管理较规范	2	1.5	1	0.5		
	3.6 质量监控	能严格培训方案，建有培训质量保证体系，培训质量监控体系科学、完善，运行有效，成效显著	基本能执行培训方案，培训质量监控体系初步形成，执行情况较好	3	2.5	2	1.5		
	3.7 经费使用	培训经费落实到位，使用合理	培训经费使用较合理	3	2.5	2	1.5		

续上表

一级指标	二级指标	指标内涵评价标准		等级				自评分	专家评分
		A	C	A	B	C	D		
4 培训效果（30分）	4.1 学员满意度	学员对培训机构的满意和较满意率≥90%；学员对教师的满意和较满意率≥90%	学员对培训机构的满意和较满意率≥70%；学员对教师的满意和较满意率≥70%	5	4	3	2		
	4.2 选送单位满意度	对培训机构培训教学内容的满意和较满意率≥90%；对学员能力和水平提高的满意和较满意率≥90%（由中职学校提供有关反馈和调查，综合评价高）	对培训机构培训教学内容的满意和较满意率≥70%；对学员能力和水平提高的满意和较满意率≥70%（由中职学校提供有关反馈和调查，基本达到培训目标）	5	4	3	2		
	4.3 学员培训（资格）考核合格率	学员教学法教育理论和专业理论等培训证书考试合格率100%	学员教学法教育理论和专业理论等培训证书考试合格率95%	5	4	3	2		
	4.4 学员技能等级（证书）考核通过率	铁道运输管理专业相关的技能等级（证书）考核通过率100%。其中，骨干培训达到车站调度员或列车调度员等岗位技能或达到客运值班员等岗位技能或达到客运值班员等岗位技能；提高培训达到车站值班员或调车区长等岗位技能或达到铁路售票员等岗位技能或达到客运核算员等岗位技能；上岗培训达到助理值班员或信号员等岗位技能或达到客运员要求的技能达到货运员等岗位技能；上岗培训获中级工证书率100%；提高培训获中级100%、高级证书率40%；骨干培训获技能中级证书率80%、高级证书率100%、高级证书率80%	学员技能等级（证书）考核通过率90%。其中，骨干培训达到车站调度员或列车调度员等岗位技能或达到客运值班员等岗位技能或达到客运值班员等岗位技能；提高培训达到车站值班员或调车区长等岗位技能或达到铁路售票员等岗位技能或达到客运核算员等岗位技能；上岗培训达到助理值班员或信号员等岗位技能或达到客运员要求的技能达到货运员等岗位技能；上岗培训获中级工证书率90%；提高培训获中级90%、高级证书率20%；骨干培训获中级证书率100%、高级证书率40%	5	4	3	2		
	4.5 培训学员教科研论文	近三年，受训学员发表论文数占学员总数之比≥30%	近三年，受训学员中有论文发表	2	1.5	1	0.5		
	4.6 培训学员成果及获奖情况	近三年，受训学员获省（部）级及以上教学成果奖≥1项；主持省级以上教学研究项目≥1项，并取得明显成效	近三年，受训学员获校级成果奖≥4项；主持校级或参加省级教学研究项目并在实践中取得一定成效	2	1.5	1	0.5		
	4.7 专业特色与创新性	对铁道运输管理专业教师培训和优化师资培训工作过程及提高培训教学质量作用大，效果显著，具有鲜明的专业特色与创新性	对铁道运输管理专业教师培训和优化师资培训工作过程及提高培训教学质量有一定的作用和特色	3	2.5	2	1.5		
	4.8 区域优势与影响力	专业具有明显区域优势，有铁道运输管理专业特有的、在社会上有一定影响、得到公认的项目	专业区域具有一定的优势	3	2.5	2	1.5		

专家签名：________ 年 月 日

评价结果分析				
等级	优秀	良好	合格	不合格
X为评价总得分	X≥90	76≤X≤89	60≤X≤75	X≤60

参考文献

[1] 教育部职业教育与成人教育司，教育部职业技术教育中心研究所. 中等职业学校铁道运输管理专业教学指导方案. 北京：高等教育出版社，2001.

[2] 中华人民共和国劳动和社会保障部. 国家职业标准（信号员、车站值班员、铁路客运员、货运员、铁路售票员、调车区长、助理值班员、车号员、货运检查员、货运安全员、货运值班员、客运计划员、列车员、铁路行李员等）. 北京：中国铁道出版社，2007.

[3] 中华人民共和国铁道部. 铁路技术管理规程. 北京：中国铁道出版社，2006.

[4] 姜大源. 职业教育学研究新论. 北京：教育科学出版社，2007.

[5] 石伟平，徐国庆. 职业教育课程开发技术. 上海：上海教育出版社，2006.

[6] 姜大源. 当代德国职业教育主流教育思想研究理论、实践与创新. 北京：清华大学出版社，2007.

[7] 教育部高等教育司. 人才培养工作水平评估. 北京：人民邮电出版社，2004.

[8] 邓泽民，赵沛. 职业教育教学设计. 北京：中国铁道出版社，2006.

[9] 皮连生. 教学设计—心理学理论与技术. 北京：高等教育出版社，2000.

[10] 马建富. 职业教育学. 上海：华东师范大学出版社，2008.